W0086538

Das Recht der Kindertagespflege

Allgemeinrechtliche, sozialrechtliche und steuerrechtliche Rahmenbedingungen für Tagespflegepersonen

Anja Hillmann-Stadtfeld

1. Auflage 2009

 Carl Link

Bibliografische Informationen Der Deutschen Bibliothek
Die Deutsche Bibliothek verzeichnet diese Publikation in der Deutschen
Nationalbibliografie; detaillierte bibliografische Daten sind im Internet über
http://dnb.ddb.de abrufbar.

Verlagsnummer **2807.10** - Art.-Nr. 69310000 (ISBN 978-3-556-01955-9)

Fotos Umschlag: DIGITAL Stock GmbH, Markgrönigen
Kinderbilder Umschlag und Innenseiten: Hillmann-Stadtfeld privat

@ Wolters Kluwer Deutschland GmbH, Köln, Kronach (2009)

Verantwortlich:
Carl Link Verlag
Adolf-Kolping-Straße 10, 96317 Kronach
E-Mail: *info@wolterskluwer.de*
Internet: *www.wolterskluwer.de*

Printed in Germany – Imprimé en Allemagne

Inhaltsübersicht

Vorwort

Dieses Buch entstand im Rahmen meiner seit 2005 währenden Tätigkeit als Dozentin für rechtliche Fragen in der Kindertagespflege.

Zahlreiche Qualifizierungsmaßnahmen und die Gespräche mit Tagespflegepersonen und Mitarbeitern der Jugendämter haben gezeigt, wie wichtig es ist, im Rahmen der Qualifizierungsmaßnahmen die rechtlichen Fragen der Kindertagespflege umfassend zu bearbeiten. Nur so kann den Tagespflegepersonen meines Erachtens die Basis gegeben werden, die ihnen auch die erforderliche Rechtssicherheit bietet, um die Tätigkeit mit Freude und dem Augenmerk für das Wesentliche – nämlich das Wohl unserer Kinder – auszuüben.

Mein besonderer Dank gilt den Mitarbeitern des Jugendamtes im Kreis Mainz-Bingen sowie Herrn Hartmut Gerstein vom Landesjugendamt, Landesamt für Soziales, Jugend und Versorgung in Mainz für die jederzeitige Bereitschaft zum konstruktiven Dialog in Bezug auf die Belange der praktischen Umsetzung des Ausbaus der Kindertagespflege.

Möge dieses Buch Ihnen eine Arbeitshilfe in der täglichen Praxis sein.

Dieses Buch ist meiner Tochter Lisa-Marie gewidmet. Ihr verdanke ich die Befassung mit der Thematik und damit das Entstehen dieses Buches.

Ulmen, im Juni 2009   Anja Hillmann-Stadtfeld

A) Allgemeine Grundlagen der Tagespflege im SGB VIII

Die Tatsache, dass die Kindertagespflege in den letzten Jahren immer mehr an Bedeutung gewonnen hat, führte zur Novellierung der diesbezüglichen gesetzlichen Regelungen durch das TAG (Tagesbetreuungsausbaugesetz[1], welches am 1.1.2005 in Kraft getreten ist und das KICK (Kinder- und Jugendhilfeweiterentwicklungsgesetz[2], in Kraft getreten am 1.10.2005. Eine umfangreiche Neuregelung hat das Recht der Tagespflege nun durch das Kinderförderungsgesetz (KiföG)[3] erfahren, welches zum 1.1.2009 in Kraft getreten ist. Beschlossen wurde dieses Gesetz durch den Bundestag am 26.9.08. Der Bundesrat hat dem Gesetz am 7.11.08 zugestimmt, verkündet wurde es am 10.12.2008. Durch das KiföG wurden zahlreiche Gesetze geändert (SGB VIII, Finanzausgleichsgesetz, Gesetz über Finanzhilfen des Bundes zum Ausbau der Tagesbetreuung für Kinder, SGB V, SGB XI, EStG, Bundesausbildungsförderungsgesetz, Adoptionsvermittlungsgesetz). Das Ziel dieser Neuregelung ist der weitere, beschleunigte Ausbau der Kindertagespflege und zwar sowohl quantitativ auf einen bundesweiten Durchschnitt von 35 % bis 2013 als auch qualitativ.[4] Die Neuregelungen sollen eine weitere Verbesserung der Vereinbarkeit von Familie und Beruf bewirken und bessere Bildungsstandards für alle Kinder im Hinblick auf eine gute Zukunftsperspektive gewährleisten. Die Verbesserung der Qualität der Betreuungsangebote war auch bereits erklärtes Ziel der Neuregelungen im Jahre 2005[5] Die Qualitätssicherung gewinnt damit in der Kindertagespflege weiter an Bedeutung. Dies zeigt sich auch bei einem Blick auf das Forum frühkindliche Bildung, welches als Expertenforum zum Austausch über Qualitätsstandards für Bildung, Betreuung und Erziehung eingerichtet wurde oder auch im Aktionsprogramm Kindertagespflege, welches noch in 2008 initiiert wurde und die Träger der Jugendhilfe aufgefordert hat, Modellideen zum Ausbau der Tagespflege und Sicherung von Qualitätsstandards in der Tagespflege zu entwickeln.

---

1. BGBl. I 2004, 3852 ff.
2. BGBl. I 2005, 2729 ff.
3. BGBl. I 2008, 2403 ff.
4. Beschlussempfehlung und Bericht des Ausschusses für Familie, Senioren, Frauen und Jugend vom 24.9.2008, BT-Drucksache 16/10357 (S. 2).
5. Siehe Mörsberger in Wiesner, Kommentar zum SGB VIII, Beck Verlag 3. Aufl. 2006, § 43, Rz. 1.

I. Grundsätze der Tagespflege

Die gesetzlichen Regelungen zur Tagespflege finden sich im VIII. Sozialgesetzbuch (SGB VIII Kinder- und Jugendhilfe). Hier wird die Tagespflege als gleichrangig neben der Betreuung in Kindertageseinrichtungen angesehen. Diese **Gleichrangigkeit** als Leistung der Jugendhilfe schreibt § 2 Abs. 2 SGB VIII gesetzlich fest. Besondere Regelungen enthält hier das SGB VIII im dritten Abschnitt des zweiten Kapitels überschrieben mit „Förderung von Kindern in Tageseinrichtungen und Tagespflege". Dieser Begriff der Förderung enthält Aspekte der Betreuung wie auch der Bildung und Erziehung des Kindes. Das Leistungsangebot soll nach der Vorgabe des § 22 Abs. 2 SGB VIII pädagogisch und organisatorisch an den Bedürfnissen der Kinder und ihrer Familien orientiert werden. Konkrete Regelungen zur Tagespflege als nicht institutionelle familiäre Form der Betreuung und Förderung von Kindern enthält § 23 SGB VIII. Die Koppelung dieser Vorschrift an §22 SGB VIII zeigt, dass auch die Tagespflege als Förderangebot auszugestalten ist, welches neben der Aufgabe der Betreuung auch die Bildung und Erziehung der Kinder gewährleisten sowie sie in ihrer Entwicklung zu einer eigenverantwortlichen und gemeinschaftsfähigen Persönlichkeit unterstützen soll.

Nach § 23 Abs. 1 SGB VIII kann die Tagespflege im Haushalt der Tagespflegeperson oder aber im Haushalt der Eltern stattfinden. Hierbei sollen gemäß § 23 Abs. 2 SGB VIII die Tagespflegeperson sowie die Eltern zum Wohl des Kindes **zusammenarbeiten** (Zusammenarbeitsgebot). Nach § 23 SGB VIII besteht zudem ein entsprechender Unterstützungsanspruch wie auch ein Rechtsanspruch auf Beratung in allen Fragen der Tagespflege sowohl für die Eltern als auch für die Tagespflegepersonen. § 23 Abs. 1 SGB VIII ist als sogenannte „Kannvorschrift" ausgestaltet, sodass zur Förderung der Entwicklung des Kindes auch eine Person als Tagespflegeperson vermittelt werden kann. Die Vermittlung ist daher eine Aufgabe der Jugendhilfe (§ 2 Abs. 2 Nr. 3 i. V. m. § 23 Abs. 1 SGB VIII).

Hierneben besteht gemäß § 23 Abs. 4 Satz 1 SGB VIII ein Rechtsanspruch auf Beratung in allen Fragen der Tagespflege für die Erziehungsberechtigten und die Tagespflegeperson gegen das Jugendamt.

> **Der Aufgaben- und Pflichtenkreis des Jugendamtes umfasst damit:**
>
> – **Vermittlung** einer Tagespflegeperson,
> – **Beratung** von Erziehungsberechtigten und Tagespflegeperson,
> – **Qualifizierung** der Tagespflegeperson,
> – Gewährung einer laufenden **Geldleistung**.

Zudem regelt § 23 Abs. 2 SGB VIII den Aufwendungsersatz im Rahmen der Zahlung einer sogenannten laufenden Geldleistung.

Voraussetzung für den Aufwendungsersatz ist die Geeignetheit und Erforderlichkeit der Tagespflege zum Wohl des Kindes sowie die Eignung der Tagespflegeperson. Diese kann durch die Teilnahme an einer Qualifizierungsmaßnahme nachgewiesen werden. Die Tagespflege ist keine Hilfe zur Erziehung und setzt daher auch ein erzieherisches Defizit nicht voraus. Sie kann jedoch ergänzend zu einer Maßnahme zur Hilfe zur Erziehung gemäß §§ 27, 32 und 35 a SGB VIII sinnvoll sein.

Gemäß § 43 SGB VIII besteht eine Erlaubnispflicht für die Tagespflege, sofern ein Kind mehr als 15 Stunden wöchentlich und länger als drei Monate gegen Entgelt betreut wird. Diese Erlaubnis wird vom zuständigen Jugendamt nach Eignungsfeststellung erteilt. Der Erlaubnisvorbehalt gilt ab dem ersten Kind und auch dann, wenn die Tagespflegeperson nicht vom Jugendamt vermittelt wurde.

Verantwortlich für die Jugendhilfeplanung und damit auch für die Tagespflege sind die Träger der öffentlichen Jugendhilfe gemäß § 79 SGB VIII. Diese sollen gewährleisten, dass die zur Erfüllung der Aufgaben nach dem SGB VIII erforderlichen und geeigneten Einrichtungen, Dienste und Veranstaltungen den verschiedenen Grundrichtungen der Erziehung entsprechend rechtzeitig und ausreichend zur Verfügung stehen. Zudem besteht gemäß § 80 SGB VIII eine entsprechende Planungsverantwortung der Träger der öffentlichen Jugendhilfe, in deren Zusammenhang insbesondere die Durchführung einer entsprechenden Bedarfserhebung von besonderer Bedeutung ist im Hinblick darauf, dass nur anhand einer Bedarfsfeststellung eine sinnvolle Planung erforderlicher Maßnahmen sowie der erforderliche Umfang festgestellt werden kann. Der erhobene Bedarf wird im Zahlenspiegel Kindertagespflege zusammengetragen.[6]

Gemäß § 26 SGB VIII obliegt die Regelung über die nähere Ausgestaltung von Inhalt und Umfang der Tagespflege mitsamt den für diese geregelten Aufgaben und Leistungen dem Landesrecht.

Das SGB VIII ist ein Bundesgesetz. In § 26 SGB VIII enthält es somit eine Öffnungsklausel zugunsten des Landesrechts. Allerdings ist die Tagespflege bisher nur in wenigen Landesgesetzen explizit geregelt. In den meisten Landesausführungsgesetzen ist sie überhaupt nicht erwähnt oder nur als Begriff genannt.

Grundsätze der Tagespflege sind damit:

- das Gleichrangigkeitsprinzip,
- das Zusammenarbeitsgebot mit dominierendem Elternrecht,
- der Fördercharakter,
- der Gleichbehandlungsgrundsatz,
- der staatliche Planungsauftrag.

II. Die UN-Kinderrechtskonvention

Im Rahmen der Kindertagespflege ist sicherzustellen, dass die Rechte der Kinder allgemein gewahrt werden. Hier sind grundlegende Prinzipien im Umgang mit den Kindern zu berücksichtigen, wie sie durch die UN-Konvention über die Rechte des Kindes (UN-KRK) festgelegt wurden.[7]

Die sogenannte Kinderrechtskonvention wurde von der Vollversammlung der Vereinten Nationen am 20.11.1989 verabschiedet und wird seither umgesetzt. Die Kinderrechtskonvention regelt damit völkerrechtlich verbindlich die so genannten Grundrechte der Kinder. Zentrale Erkenntnis ist hier, das Kinder nicht einfach als unmündige unfertige Wesen zu sehen sind, die der Verfügungsgewalt ihrer Eltern oder Erzieher oder des Staates ausgeliefert sind, sondern vielmehr

---

6. Zum Beispiel Zahlenspiegel Kindertagespflege 2005 und 2007 vom DJI e. V. und Dortmunder Arbeitsstelle Kinder- und Jugendhilfestatistik, jeweils veröffentlicht unter *www.bmfsfj.de*
7. Amtliche Übersetzung der UN-Kinderrechtskonvention unter: *www.bmfsfj.de/Kategorien/Publikationen,did=3836.html*

ihrem Alter und ihrer Reife gemäß als Person ernst genommen und respektiert werden müssen.

Die Konvention formuliert hier vier Grundprinzipien der Rechte der Kinder.

1. Artikel 2 – Das Recht auf Gleichbehandlung

Kein Kind darf wegen seines Geschlechts, seiner Herkunft und Abstammung, seiner Staatsbürgerschaft, seiner Sprache oder Religion, seiner Hautfarbe, aufgrund einer Behinderung, wegen seiner politischen Ansichten oder seines Vermögens benachteiligt werden. In der Konsequenz bedeutet dies beispielsweise die Gleichstellung von ehelichen und nicht ehelichen Kindern und auch, dass ein ausländisches Kind nicht anders oder schlechter behandelt werden darf als ein einheimisches.

2. Artikel 3 – Das Prinzip des besten Interesses des Kindes

Dies drückt aus, dass die staatliche Aufgabe nicht nur den Schutz des Kindeswohls beinhaltet, sondern auch einen Förderauftrag diesbezüglich.

3. Artikel 6 – Das Recht auf Leben und persönliche Entwicklung

Hiernach ist der Staat verpflichtet, in größtmöglichem Umfang das Überleben und die Entwicklung der Kinder zu gewährleisten.

4. Artikel 12 – Die Achtung der Meinung und des Willens des Kindes

Jedes Kind darf seine Meinung frei äußern und hat Anspruch darauf, diesbezüglich Gehör zu finden. Die Kinder sind ihrem Alter und ihrer Reife gemäß als Personen ernst zu nehmen und zu respektieren. Sie haben ein Anrecht darauf, die Gegenwart, nämlich ihr Leben als Kinder, mitzugestalten und sind insoweit zu hören.

In Ausgestaltung dieser vier Grundprinzipien ergeben sich Einzelrechte der Kinder, die in folgende Gruppen eingeteilt werden können.

III.   Einzelrechte

1.   Versorgungsrechte
(Artikel 23 bis 29, 7, 8 der Konvention)

Hierzu zählen die Rechte auf Gesundheitsversorgung, Bildung, angemessene Lebensbedingungen, Ernährung und Kleidung, eine menschenwürdige Wohnung sowie soziale Sicherheit. Dazu gehört auch das Namensrecht.

2.   Schutzrechte
(Artikel 19 bis 22, 30, 32 bis 38 der Konvention)

Die Kinder haben Recht auf Schutz vor körperlicher oder seelischer Gewaltanwendung, Schutz vor Misshandlung oder Verwahrlosung, grausamer oder erniedrigender Behandlung, Folter, sexuellem Missbrauch sowie Ausbeutung.

3.   Kulturelle Informations- und Beteiligungsrechte
(Artikel 12 bis 17, 31 der Konvention)

Wichtig ist, dass die Privatsphäre der Kinder zu achten und ihre persönliche Ehre zu schützen ist. Die Kinder haben, wie Erwachsene auch, ein Recht auf Freizeit sowie Beteiligung am kulturellen und künstlerischen Leben.

Hierbei handelt es sich um völkerrechtlich verbindliche Grundrechtsregelungen zugunsten der Kinder, die für alle Staaten verbindlich sind, die die Konvention ratifiziert haben. Es sind dies alle Staaten der Welt mit Ausnahme der USA und Somalia.

Hinsichtlich der Verwirklichung dieser Rechte erwähnt die Konvention ausdrücklich, dass eine Verpflichtung des Staates besteht, die Eltern bei der Aufgabe als Ernährer und Erzieher zu unterstützen, zu schützen und zu fördern. Insoweit ist auch die Regelung zur Kinderbetreuung im Rahmen der Schaffung von Kindertagespflegeangeboten eine Realisierung dieses grundsätzlichen staatlichen Auftrages zur Unterstützung der Eltern bei der Erziehung, Betreuung und Förderung ihrer Kinder.

Eine Nichtbeachtung der Rechte der Kinder im Rahmen der Tagespflege hat nicht nur gegebenenfalls strafrechtliche Konsequenzen, sondern führt auch dazu, dass die Tagespflegeperson nicht mehr als geeignet angesehen werden kann, sodass ihr die Erlaubnis für die Tagespflege in diesem Falle wieder zu entziehen wäre.

Nach Art. 42 UN-KRK besteht für die Vertragsstaaten die Verpflichtung, die Inhalte der Konvention bei Erwachsenen und auch bei Kindern allgemein bekannt zu machen. Die Vertragsstaaten unterliegen einer Berichtspflicht hinsichtlich des Voranschreitens der Umsetzung der Konvention. Letzter Berichtszeitpunkt für die Bundesrepublik war der 4.4.2009. In diesem Zusammenhang hat auch die National Coalition für die Umsetzung der UN-Kinderrechtskonvention in Deutschland (NC) ihren Bericht vorgelegt.[8]

---

8. Bericht der NC unter weblink: *www.national-coalition.de/pdf/info_berichterstat tung_www.pdf*

B) Rechtliche Aspekte der Tagespflege

I. Die Rechtsverhältnisse zwischen Jugendamt, Erziehungsberechtigten und Tagespflegepersonen

Das SGB VIII nennt die Tagespflege gleichrangig neben der Betreuung in Kindertageseinrichtungen als familienergänzende Leistung zur Förderung von Kindern. Diese Gleichrangigkeit mit der Betreuung in Kindertageseinrichtungen ist gesetzlich festgeschrieben in § 2 Abs. 2 SGB VIII. Sie ist keine Hilfe zur Erziehung und setzt daher auch kein erzieherisches Defizit voraus. Ziel der Tagespflege ist die Förderung des Dialogs über Probleme und die Förderung der Entwicklung des Kindes. Damit kann die Tagespflege definiert werden als Tagesbetreuung in Familien. Gegenstand der Tätigkeit ist damit die **Betreuung** und zwar als Beitrag zur Entwicklung des Kindes zu einer eigenverantwortlichen und gemeinschaftsfähigen Persönlichkeit.[9]

Hierbei stellt der Gesetzgeber das Elternrecht in den Vordergrund. Die Tagespflege wird als Dienstleistung für Eltern und Kind betrachtet. Maßgeblich bei der Auswahl der Tagespflegeperson ist daher der Wille der Eltern bezüglich der auszuwählenden Pflegeperson. Die Vorstellungen des Jugendamtes diesbezüglich sind daher grundsätzlich irrelevant. Das Jugendamt wirkt insoweit lediglich vermittelnd nach Überprüfung des Vorliegens der entsprechenden gesetzlichen Voraussetzungen und insbesondere natürlich der Eignung der Tagespflegeperson. Die Rechtsverhältnisse zwischen den Beteiligten sind durch das sogenannte **sozialrechtliche Dreieck** gekennzeichnet:

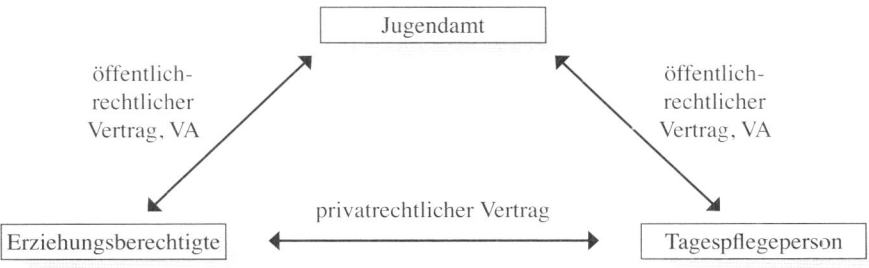

---

9.   Mörsberger a. a. O., § 43, Rz. 8; BT-Drucksache 15/6014, S. 341 (12. KJ-Bericht).

Ein öffentlich-rechtliches Rechtsverhältnis besteht zunächst zwischen dem Jugendamt und der Tagespflegeperson. Dieses öffentlich-rechtliche Rechtsverhältnis regelt die Frage der laufenden Geldleistung nach § 23 Abs. 2 SGB, den Anspruch auf fachliche Beratung und Begleitung der Tagespflegeperson durch das Jugendamt sowie die Durchführung der Qualifizierungsmaßnahmen, die Erteilung der Erlaubnis nach § 43 und die Anforderungen hieran.

Das öffentlich-rechtliche Rechtsverhältnis zwischen den Erziehungsberechtigten und dem Jugendamt regelt die Fragen der Vermittlung einer Tagespflegeperson, der Prüfung der Geeignetheit der Tagespflegeperson, um diese gegenüber den Erziehungsberechtigten zu legitimieren, die Sicherstellung des Ersatzbedarfs bei Ausfall der Tagespflegeperson sowie die Beratung der Erziehungsberechtigten und deren Heranziehung zu den Kosten.

Diese öffentlich-rechtlichen Rechtsverhältnisse können ausgestaltet sein durch Verwaltungsakt oder öffentlich-rechtlichen Vertrag. Regelmäßig wird hier ein Verwaltungsakt vorliegen. Sofern es zu Störungen in diesen Rechtsverhältnissen kommt, ist daher der **Verwaltungsrechtsweg** eröffnet.

Zwischen den Erziehungsberechtigten und der Tagespflegeperson liegt ein Privatrechtsverhältnis vor. In dessen Rahmen werden insbesondere die Konditionen des Betreuungsverhältnisses geregelt, das heißt die Höhe eines durch die Erziehungsberechtigten zusätzlich zu den Leistungen des Jugendamtes zu entrichtenden Entgelts, Haftungs- und Versicherungsfragen, besondere Wünsche zur Erziehung, zeitlicher Umfang der Kindertagespflege, Ort der Betreuung, Regelungen für Urlaub und Krankheit der Tagespflegeperson, Verhalten bei Erkrankung oder Verletzung des Kindes, die Schweigepflicht der Tagesperson und die datenschutzrechtlichen Bestimmungen, eine Konkretisierung des Zusammenarbeitsgebots sowie Regelungen zu Kündigungsmöglichkeiten des Betreuungsvertrages.

Diese Regelungen sollten in einem schriftlichen Betreuungsvertrag festgehalten werden.

Zu den oben beschriebenen Beteiligten kann noch ein weiterer, vierter Beteiligter hinzutreten, sofern die Tagespflegeperson bei einem Trägerverein angestellt ist. In diesem Fall ist der Trägerverein zwischen das Jugendamt und die Tagespflegeperson zwischengeschaltet. Aufgrund der offenen Formulierung des § 23 Abs. 1 und Abs. 2 SGB VIII besteht die Möglichkeit, dass das Jugendamt in diesem Fall die laufende Geldleistung dem Trägerverein zukommen lassen kann. In § 74 a SGB VIII n. F. ist nun ausdrücklich geregelt, dass auch die Förderung privater Träger möglich ist, sofern diese die fachlichen Voraussetzungen erfüllen.

II.   Der Status der Tagespflegepersonen

Von besonderer Bedeutung für die Tagespflegepersonen ist in rechtlicher Hinsicht die Feststellung ihres Status mit Blick darauf, ob die Tagespflegeperson als Arbeitnehmer oder als selbstständig Tätiger zu betrachten ist. Dies ist von grundlegender Wichtigkeit im Hinblick darauf, dass zahlreiche Folgen an den jeweiligen Status geknüpft sind, insbesondere die Frage der Beurteilung der Sozialversicherungspflicht sowie auch die steuerrechtliche Behandlung der erzielten Einkünfte.

Die noch im Jahre 2000 vorherrschende Auffassung, die Tagespflege so, wie sie vom Gesetzgeber definiert ist, sei im Grundsatz eine ehrenamtliche Tätigkeit, wird heute nicht mehr vertreten.

Da jedoch eine gesetzliche Regelung zur Frage des Status der Tagespflegeperson nicht existiert, ist im jeweiligen Einzelfall der Arbeitnehmerstatus zu prüfen. Ausgangspunkt hierfür ist immer die vertragliche Vereinbarung zwischen der Tagespflegeperson einerseits und den Personensorgeberechtigten/Eltern andererseits.

Diese Vereinbarung, sei sie mündlich oder schriftlich getroffen, ist rechtlich als **Vertrag** zu qualifizieren. Zwar regelt das Nachweisgesetz, dass insbesondere Arbeitsverträge grundsätzlich schriftlich abgefasst werden sollten, jedoch ist das Zustandekommen des Vertrages nicht an die Schriftform geknüpft, sodass ein Arbeitsvertrag auch mündlich geschlossen werden kann. Die Beurteilung, welche Auswirkungen sich aus dem jeweiligen Vertrag ergeben, setzt daher zunächst die Klärung voraus, ob der Betreuungsvertrag ein Arbeitsvertrag ist oder ein schlichter Dienstvertrag über eine selbstständige Tätigkeit der Tagespflegeperson. Für die Feststellung, welcher Rechtsnatur das Vertragsverhältnis ist, kommt es nicht auf die Betitelung oder die Überschrift des Vertrages an, sondern vielmehr allein auf die Ausgestaltung und Durchführung des Vertragsverhältnisses im jeweiligen Einzelfall.

1. Unterscheidungskriterien

Die Differenzierung zwischen Arbeitnehmern und selbstständig Tätigen ist seit jeher ein Streitpunkt in Literatur und
Rechtsprechung gewesen. Hierzu hat die Rechtsprechung
daher im Laufe vieler Jahre Kriterien entwickelt, anhand
derer zwischen einem abhängigen Beschäftigungsverhältnis
und einer selbstständigen Tätigkeit unterschieden werden
soll. Anknüpfungspunkt für die Annahme eines abhängigen
Beschäftigungsverhältnisses und damit eines den arbeitsrechtlichen Regelungen unterfallenden Arbeitsverhältnisses ist die **persönliche Abhängigkeit vom Arbeitgeber, die
Weisungsgebundenheit, das fehlende Unternehmerrisiko
und der fehlende Einsatz von Kapital**.

Bei Vorliegen folgender Kriterien geht die Rechtsprechung daher von einem **Arbeitsverhältnis** in abhängiger
Form aus:

– Die Tagespflegeperson ist verpflichtet, Weisungen der
  Eltern über die Ausführung der Betreuung zu befol-
  gen, die bis in die Einzelheiten gehen.

– Die Tätigkeit wird im Betrieb des Arbeitgebers ausgeübt, das heißt, die Betreuung erfolgt im Haushalt der
  Eltern.

– Bestimmte Arbeitszeiten sind vorgegeben.

– Die Tagespflegeperson ist überwiegend nur für diesen
  einen Auftraggeber tätig, das heißt, sie betreut nur ein
  Kind oder nur Kinder einer Familie.

– Die Tagespflegeperson ist persönlich zur Erbringung
  der Leistung verpflichtet.

– Ein Urlaubsanspruch ist geregelt.

– Es werden gleichbleibende Bezüge gezahlt, die in der
  Höhe von dem Dienstleistenden nicht beeinflusst werden können.

– Die Bezüge werden auch im Krankheitsfall weiterge-
  zahlt.

– Es werden Weihnachts- und Urlaubsgratifikationen in
  Aussicht gestellt.

Hingegen sprechen folgende Kriterien für das Vorliegen einer **selbstständigen Tätigkeit**:

– Weisungsfreiheit,

– freie Einteilung der Arbeitszeit,

– die Tagespflegeperson darf auch für mehrere Auftraggeber (mehrere Familien) tätig sein,

– die Tagespflegeperson trägt ihre Geschäftskosten grundsätzlich selbst,

– die Tagespflegeperson ist zu eigener Werbung berechtigt,

– die Tätigkeit wird an selbst gewähltem Ort – in der Regel im Haushalt der Tagespflegeperson – ausgeübt,

– die Tagespflegeperson ist verpflichtet, einen Vertreter bei Abwesenheit zu stellen.

Selbstverständlich bieten diese Kriterien lediglich Anhaltspunkte, sodass nach der Rechtsprechung in jedem Einzelfall gesondert zu prüfen ist, ob ein abhängiges Beschäftigungsverhältnis vorliegt oder nicht.

Die Spitzenverbände der Sozialversicherung haben am 5.7.2005 ein Rundschreiben zu dieser Fragestellung veröffentlicht, welches ebenfalls diese Kriterien darlegt und in den Anlagen einen Katalog zur Abgrenzung in bestimmten Berufsgruppen enthält.[10]

Zu weiterer Klärung haben hier die Entscheidungen des Bundessozialgerichts vom Februar 1998 sowie vom 16.9.1999[11] beigetragen. Hier differenziert das Bundessozialgericht insbesondere danach, wo die Betreuung des Kindes erfolgt. Danach sagt das Bundessozialgericht, dass Tagespflegepersonen, die sich der häuslichen Beaufsichtigung und Betreuung von Kindern widmen, grundsätzlich nicht zu den abhängig Beschäftigten gehören, da die Übernahme von Betreuung der Kinder für Fremde nicht durch eine Weisungsabhängigkeit geprägt ist.

---

10. Rundschreiben der Spitzenverbände der Sozialversicherung vom 5.7.2005, unter *www.deutsche-rentenversicherung-bund.de*
11. BSG U. v. 16.9.1999, B 7 AL 80/98 R

Etwas anderes gilt allerdings dann, wenn die Tagespflegepersonen zur Betreuung in den **Haushalt der Personensorgeberechtigten** gehen.

Diese Tagespflegepersonen werden vom Bundessozialgericht, wie auch von den Spitzenverbänden der Sozialversicherung als Kinderfrauen bezeichnet, die die Kinder im
Haushalt der Eltern betreuen. Hier wird von der Rechtsprechung wie auch vom Sozialversicherungsträger ein abhängiges Beschäftigungsverhältnis, das heißt ein **Arbeitsverhältnis**, angenommen.

Damit ergibt sich folgender grundsätzlicher Merkposten:

Merke:

Der Arbeitnehmerstatus knüpft an den **Ort der Leistungserbringung** an.

Betreuung im Haushalt der Eltern: Es liegt ein Angestell-
tenverhältnis/Arbeitsverhältnis vor.

Betreuung im Haushalt der Tagespflegeperson oder an
sonstiger Stelle: Es liegt eine selbstständige Tätigkeit der
Tagespflegeperson vor.

Bei Unklarheiten über den Status besteht die Möglichkeit
eine verbindliche Statusfeststellung gemäß § 7 a SGB IV bei
der Deutschen Rentenversicherung Bund zu beantragen.
Antragsberechtigt sind die Beteiligten, d. h. die Tagespflegeperson und auch die Eltern/Sorgeberechtigten in ihrer
Funktion als Auftraggeber bzw. Arbeitgeber.

2. Konsequenzen des jeweiligen Status

Die Unterscheidung ist relevant im Hinblick darauf, dass
an den Arbeitnehmerstatus diverse steuer- und sozialversi-
cherungsrechtliche Folgen wie auch gesetzliche Rechte und
Pflichten der Vertragsparteien geknüpft sind.

2.1 Selbstständige Tätigkeit

a) Rentenversicherung

Selbstständige unterliegen grundsätzlich nicht der Sozialversicherungspflicht. **Ausnahme:** Die Annahme einer selbstständigen Tätigkeit der Tagespflegeperson führt dazu, dass eine Rentenversicherungspflicht gemäß § 2 Abs. 1 Nr. 1, Nr. 2 oder Nr. 9 SGB VI bestehen kann, nämlich dann, wenn die Tagespflegeperson eine **arbeitnehmerähnliche Selbstständige** oder Scheinselbstständige ist. Dies wird immer dann angenommen, wenn sie nur für einen Auftraggeber tätig ist und ihrerseits keine eigenen, mehr als geringfügig beschäftigten Angestellten beschäftigt.

Darüber hinaus besteht auch die generelle Frage, ob nicht auch die echten selbstständig tätigen Tagespflegepersonen der gesetzlichen Rentenversicherungspflicht unterfallen. Die Rechtsprechung hierzu ist uneinheitlich. Bisher ablehnend stellten sich hierzu das SG Mannheim[12], das SG Mainz[13] sowie das Landessozialgericht Baden-Württemberg[14].

Demgegenüber haben das SG Lüneburg[15] sowie auch in einem Fall[16] das **Bundessozialgericht** sich dafür ausgesprochen, auch die selbstständig tätigen Tagespflegepersonen generell der gesetzlichen Rentenversicherungspflicht zu unterwerfen. In dem hier grundlegenden Urteil des Bundessozialgerichts vom 22.6.2005[17] hat das Bundessozialgericht die selbstständig tätige Tagespflegeperson als **Erzieher(in)** im Sinne des § 2 Ziffer 1 SGB VI angesehen.

---

12. Az. S 4 RA 2424/03
13. Az. S 1 RA 22/02
14. Az. 13 RA 213/04
15. Az. 14 RA 185/92
16. BSG, U. v. 22.6.2005 – Az. B 12 RA 12/04 R
17. BSG a. a. O.

Diese Vorschrift regelt, dass bestimmte Berufsgruppen trotz selbstständiger Tätigkeit der gesetzlichen Rentenversicherungspflicht unterworfen werden mit der Begründung, dass bei diesen Berufen bei typisierender Betrachtungsweise eine dem Arbeitnehmer vergleichbare Schutzbedürftigkeit zum Ausdruck komme. Nach Ansicht des Bundessozialgerichts trifft dies auch auf die selbstständig tätigen Erzieher zu. Das Bundessozialgericht stellt hier heraus, dass es für die nach Gesetz bestehende Versicherungspflicht nicht darauf ankommt, ob eine pädagogische Ausbildung absolviert wurde oder ob es eine Ausbildungsordnung für dieses Berufsbild gibt. Den Anforderungen des Begriffs des Erziehers genügt nach der Ansicht des BSG jeder, der ständig wechselnde Kinder betreut, das heißt, sie beaufsichtigt und ihre Primärbedürfnisse wie Essen, Schlafen und Spielen befriedigt oder unterstützt. Der Begriff der Erziehung sei der Gesamtheit des tatsächlichen Verhaltens des Erziehers zugeordnet, das heißt, dass das Verständnis und die Vorstellung des Erziehers darauf gerichtet ist, die geistige, seelische, sittliche und charakterliche Entwicklung des Kindes mit der Tätigkeit zu beeinflussen.

Diese Wertung hat das Bundessozialgericht hier unabhängig von der steuerlichen Betrachtung vorgenommen. Insbesondere war für das Bundessozialgericht nicht von Bedeutung, ob die Tagespflegeperson hier überwiegend steuerfreie Leistungen vom Jugendamt bezieht oder zusätzliche Zahlungen von den Eltern erhält.

Unter diesem Gesichtspunkt sollte daher nach der Entscheidung des BSG grundsätzlich davon ausgegangen werden, dass eine gesetzliche Rentenversicherungspflicht gegeben ist.

Gleichlautend hat auch der Petitionsausschuss des deutschen Bundestages auf die

Anfrage des Bundesverbandes für Kindertagespflege (Petitionsnummer: 3-15-15-8210)
geantwortet. Der Petitionsausschuss hat hier
dargelegt, dass die Tagespflegepersonen der
gesetzlichen Rentenversicherungspflicht unterliegen können nach § 2 Satz 1 Nr. 1 SGB VI
als Erzieher, nach § 2 Satz 1 Nr. 2 SGB VI als
Pflegeperson oder nach § 2 Satz 1 Nr. 9 SGB VI
als sogenannter arbeitnehmerähnlicher Selbstständiger. Die Qualifizierung der Erziehertä-
tigkeit erfolgt hier in gleicher Weise, wie oben
stehend vom Bundessozialgericht ausgeführt.
Auch der Petitionsausschuss des Deutschen
Bundestages geht damit von einer Rentenversicherungspflicht in den meisten Fällen aus.

Ausgenommen werden hier lediglich die geringfügig Beschäftigten, das heißt die Tagespflegepersonen, die unabhängig von der wö-
chentlichen Arbeitszeit nicht mehr als 400,00 €
monatlich verdienen.

Im Hinblick hierauf sollte daher auch bei selbstständiger Tätigkeit grundsätzlich von der gesetzlichen Rentenversicherungspflicht ausgegangen
werden. In Zweifelsfragen kann eine Klärung
durch eine sogenannte **Statusanfrage** erfolgen.

Im Übrigen führt der Status als Selbstständiger
dazu, dass die Tagespflegeperson selbst für die
Abführung der Einkommensteuer und Sozialversicherungsbeiträge verantwortlich ist.

Es ist zu differenzieren hinsichtlich des Entgelts,
welches die Tagespflegeperson aus öffentlichen
Kassen bezieht, und den Geldern, welche die
Tagespflegeperson von den Personensorgeberechtigten erhält.

b) **Steuerrechtliche Behandlung**
ba) **Rechtslage bis 31.12.2008**
Die aus öffentlichen Mitteln bezogenen
Zahlungen sind gemäß § 3 Nr. 11 EStG
steuerfrei, sofern die Tätigkeit auf Dau-

er angelegt ist (mindestens zwei Jahre sind beabsichtigt) und nicht mehr als fünf Kinder betreut werden (siehe BMF vom 7.2.1990). Die von den Personensorgeberechtigten/Eltern gezahlten Beträge hingegen sind gemäß § 18 Abs. 1 Nr. 3 EStG steuerpflichtig als Einnahmen aus sonstiger selbstständiger Tätigkeit, wobei ein pauschalierter Betriebsausgabenabzug anteilig gemäß § 3 c EStG möglich ist.

bb) Rechtslage ab 1.1.2009

Gemäß BMF-Schreiben vom 24.5.2007 war vorgesehen, dass ab 2008 alle Zahlungen, die die Tagespflegeperson erhält, steuerpflichtig sind, also auch die vom Jugendamt gezahlten Beträge. Für diese Regelung gab es dann allerdings noch ein 1-jähriges Moratorium, sodass die volle Steuerpflicht erst zum 1.1.2009 eingetreten ist.

Eine Arbeitslosenversicherung ist für die selbstständig Tätigen nicht gegeben.

Sofern die Tagespflegeperson mehr als fünf Kinder betreut oder keine sonstigen Einkünfte hat, das heißt, die Einkünfte für die Tagespflege ihre wesentliche Erwerbsgrundlage darstellt, tritt die Steuer, wie auch Sozialversicherungspflicht, **in voller Höhe** ein und zwar auch hinsichtlich der aus öffentlichen Geldern gezahlten Beträge.

c) Rechte und Pflichten aus dem Dienstvertrag

Derartige Betreuungsverträge zwischen selbstständig Tätigen und den Eltern sind damit als typische **Dienstverträge** im Sinne der §§ 611 ff. BGB zu qualifizieren.

Danach besteht für die Vertragsparteien die Verpflichtung zur Erbringung der vereinbarten Leistung gegen Zahlung des vereinbarten Entgelts (Grundpflichten – sogenannte essentialia negotii). Die Tagespflegeperson ist hierbei in

Persona zur Erbringung der Leistung verpflichtet, das heißt, die Betreuung darf grundsätzlich keiner anderen Person überlassen werden, sofern nichts anderes vereinbart ist.

Das Gesetz regelt die Rechte und Pflichten eines solchen Dienstverhältnisses ansonsten jedoch nur lückenhaft, sodass sich in jedem Fall der Abschluss eines entsprechenden **Betreuungsvertrages** unter Berücksichtigung der maßgeblichen einer Regelung zuzuführenden Aspekte empfiehlt. Gesetzliche Regelungen existieren beispielsweise im Hinblick auf die Fälligkeit der Vergütung, die nach § 614 BGB nach Erbringung der Leistung geschuldet ist. Grundsätzlich gilt hier: Lohn nur für tatsächlich geleistete Dienste.

Besonders maßgeblich ist jedoch die Frage, was geschieht mit der Vergütung bei längerer Erkrankung. Gemäß **§ 617 BGB** bestehen Ansprüche auf Ersatz der Kosten für Verpflegung und ärztliche Behandlung bis zur Dauer von sechs Wochen nur für den Dienstleistenden, der in die häusliche Gemeinschaft des Dienstberechtigten aufgenommen wurde.

Hiervon werden die typischen Au-pair-Kräfte erfasst. Ein Anspruch auf Lohnfortzahlung im Krankheitsfalle hingegen ist ausdrücklich für selbstständig Tätige nicht geregelt. Dieser besteht nur für Arbeitnehmer.

d) **Kündigungsfristen**

Auch die **Kündigungsfristen** für derartige Dienstverhältnisse sind zeitlich kürzer bemessen als für Arbeitsverhältnisse. Sofern eine abweichende Regelung im Betreuungsvertrag nicht getroffen ist, gelten hier die **Kündigungsfristen** des § 621 BGB wie folgt:

> *„Bei einem Dienstverhältnis, dass kein Arbeitsverhältnis im Sinne des § 622 BGB ist, ist die Kündigung zulässig,*
>
> 1. *wenn die Vergütung nach Tagen bemessen ist, an jedem Tag für den Ablauf des folgenden Tages;*
>
> 2. *wenn die Vergütung nach Wochen bemessen ist, spätestens am ersten Werktag einer Woche für den Ablauf des folgenden Sonnabends;*
>
> 3. *wenn die Vergütung nach Monaten bemessen ist, spätestens am 15. eines jeden Monats für den Schluss des Kalendermonats;*
>
> 4. *wenn die Vergütung nach Vierteljahren oder längeren Zeitabschnitten bemessen ist unter Einhaltung einer Kündigungsfrist von sechs Wochen für den Schluss eines Kalendervierteljahres;*
>
> 5. *wenn die Vergütung nicht nach Zeitabschnitten bemessen ist jederzeit; bei einem die Erwerbstätigkeit des Verpflichteten vollständig oder hauptsächlich in Anspruch nehmenden Dienstverhältnis ist jedoch eine Kündigungsfrist von zwei Wochen einzuhalten."*

e) **Außerordentliche Kündigung**

Unter bestimmten Voraussetzungen kann auch ohne Einhaltung einer Kündigungsfrist eine Kündigung ausgesprochen werden, wie dies § 626 BGB regelt. Hiernach kann das Dienstverhältnis von jedem Vertragsteil aus wichtigem Grund ohne Einhaltung einer Kündigungsfrist gekündigt werden, wenn Tatsachen vorliegen, aufgrund derer dem Kündigenden unter Berücksichtigung aller Umstände des Einzelfalles und unter Abwägung der Interessen beider

Vertragsteile die Fortsetzung des Dienstverhältnisses bis zum Ablauf der Kündigungsfrist oder bis zu der vereinbarten Beendigung des Dienstverhältnisses nicht zugemutet werden kann. Die Rechtsprechung stellt an das Vorliegen eines wichtigen Grundes in der Regel hohe Anforderungen. Beispiel hierfür wäre eine Zerstörung der Vertrauensbasis aus triftigen Gründen oder wenn die Eltern das Kindeswohl gefährdet sehen, beispielsweise aufgrund von Veränderungen in der Familie der Tagespflegeperson.

Zu berücksichtigen ist in diesem Fall, dass die Kündigung binnen Zweiwochenfrist ausgesprochen werden muss. Diese Frist beginnt mit dem Zeitpunkt, in dem der Kündigungsberechtigte von den für die Kündigung maßgebenden Tatsachen Kenntnis erlangt.

Die fristlose Kündigung kann auch durch eine einzelvertragliche Regelung nie ausgeschlossen werden.

f) **Einvernehmliche Vertragsaufhebung**
Neben der Kündigung kann zudem jederzeit der Dienstvertrag auch einvernehmlich aufgehoben werden.

Dies empfiehlt sich dann, wenn sich die Parteien darüber einig sind, dass das Betreuungsverhältnis, aus welchen Gründen auch immer, nicht mehr fortgesetzt werden kann. Bei einvernehmlicher Beendigung sind keine Fristen zu berücksichtigen.

Ein Schriftformerfordernis für die Kündigung besteht bei Dienstverträgen grundsätzlich nicht. Ein solches gibt es nur für Arbeitsverträge. Diese können nur schriftlich wirksam gekündigt werden.

g) **Fazit**
Die selbstständige Tagespflegeperson erhält ihre Vergütung grundsätzlich nur für tatsächlich erbrachte Dienstleistung und ist damit während

Urlaubs- und Krankheitszeiten **nicht vor Verdienstausfall geschützt**. Die **Kündigungsfristen** für derartige Dienstverhältnisse sind gesetzlich **kurz** bemessen, können jedoch einzelvertraglich an die jeweiligen Bedürfnisse angepasst werden.

Merke:

Aus diesem Grunde empfiehlt sich daher der Abschluss eines Betreuungsvertrages mit entsprechenden Regelungen zur Absicherung der Tagespflegeperson (siehe hierzu Merkblatt Betreuungsvertrag im **Anhang**).

Sofern im Betreuungsvertrag Verpflichtungen zu Lohnfortzahlungen im Krankheitsfalle oder bei Urlaub vorgesehen werden, ist jedoch Vorsicht geboten, da bei Hinzukommen weiterer Aspekte dann möglicherweise von einem Arbeitsverhältnisse auszugehen sein wird, denn dies ist eben typisch gerade für ein Arbeitsverhältnis.

2.2   Arbeitnehmerstatus

a)   Sozialversicherungspflicht

Anders hingegen besteht bei einem Arbeitsverhältnis grundsätzlich die Sozialversicherungspflicht, es sei denn, es liegt ein geringfügiges Beschäftigungsverhältnis vor (dann Pauschalierung). Insoweit sind dann die Sozialversicherungsbeiträge je zur Hälfte vom Arbeitgeber und vom Arbeitnehmer zu tragen, Ausnahme ist die Krankenversicherung: Hier teilen sich Arbeitgeber und Arbeitnehmer 14,6 % der Beiträge, die restlichen 0,9 % fallen allein dem Arbeitnehmer zur Last. Zu entrichten sind insgesamt 2,8 % der beitragspflichtigen Einnahmen an die Arbeitslosenversicherung gemäß SGB III, die Beiträge zur gesetzlichen Krankenversicherung von 15,5 % gemäß SGB V, 1,95 % der beitragspflichtigen Einnahmen als Beitrag in die Pflegeversicherung (bei kinderlosen Personen zudem ein Zuschlag von weiteren 0,25 %) gemäß SGB VI sowie Beiträge zur gesetzlichen Rentenversicherung in Höhe von derzeit 19,9 % der beitragspflichtigen Einnahmen.

Diese Beiträge sind jeweils hälftig von Arbeitnehmer und Arbeitgeber zu tragen (Ausnahme Krankenversicherung s. o.). Zudem sind Beiträge in die Unfallversicherung gemäß SGB VII zu zahlen in der Höhe je nach Satzung der entsprechenden Träger, wie beispielsweise Betriebsgenossenschaften oder Unfallkassen. Diese Beiträge sind allein vom Arbeitgeber zu entrichten.

Bei geringfügigen Beschäftigungsverhältnissen sind die Sozialversicherungsbeiträge zu pauschalieren und vom Arbeitgeber zu tragen.

b) **Steuerrechtliche Rechte und Pflichten**
Hier liegen steuerrechtlich Einkünfte aus nicht selbstständiger Arbeit gemäß § 19 Abs. 1 Nr. 1 EStG vor. Die Besteuerung erfolgt mit dem Lohnsteuerverfahren. Die angestellte Tagespflegeperson gibt ihre Lohnsteuerkarte an die Eltern. Diese versteuern das Arbeitsentgelt dann nach Maßgabe der auf der Lohnsteuerkarte eingetragenen Steuerklasse und behalten insoweit die Steuer direkt vom Lohn ein und führen diese an das Finanzamt ab. Sofern es sich hierbei um ein geringfügiges Beschäftigungsverhältnis handelt, erfolgt die gesetzlich geregelte Steuerpauschalierung oder Steuerfreistellung bei Vorlage einer entsprechenden Freistellungsbescheinigung, sofern die Tagespflegeperson keine anderen Einkünfte hat.

c) **Kündigungsfristen**
Insoweit ergeben sich also im Arbeitsverhältnis auch für die Tagespflegeperson erhebliche Abzüge, da die Sozialversicherungspflicht in

allen Sparten besteht. Hiermit einhergehend besteht dann jedoch auch ein umfangreicher sozialrechtlicher Schutz. Darüber hinaus bietet der Arbeitnehmerstatus zusätzliche Vorteile für die angestellte Tagespflegeperson: so zum einen die **verlängerten Kündigungsfristen** für Arbeitsverhältnisse gemäß § 622 BGB. Hiernach gilt grundsätzlich eine Kündigungsfrist von vier Wochen zum 15. oder zum Ende eines Kalendermonats. Sofern das Arbeitsverhältnis bereits längere Zeit besteht, verlängert sich die Kündigungsfrist wie folgt:

Wenn das Arbeitsverhältnis

1. zwei Jahre bestanden hat, einen Monat zum Ende des Kalendermonats,

2. fünf Jahre bestanden hat, zwei Monate zum Ende des Kalendermonats,

3. acht Jahre bestanden hat, drei Monate zum Ende des Kalendermonats,

4. zehn Jahre bestanden hat, vier Monate zum Ende des Kalendermonats,

5. zwölf Jahre bestanden hat, fünf Monate zum Ende des Kalendermonats,

6. fünfzehn Jahre bestanden hat, sechs Monate zum Ende des Kalendermonats,

7. zwanzig Jahre bestanden hat, sieben Monate zum Ende des Kalendermonats.

Zudem kann eine **Probezeit** vereinbart werden. Die Probezeit beträgt in der Regel 6 Monate, kann jedoch bis auf 2 Jahre ausgeweitet werden.

In dieser Probezeit kann das Arbeitsverhältnis mit einer verkürzten Frist von zwei Wochen gekündigt werden. Einzelvertraglich abweichende

Regelungen von diesen Kündigungsfristen sind nie zulässig, wenn hierdurch die Kündigungsfristen zum Nachteil des Arbeitnehmers verkürzt werden.

Weiterhin ist zu berücksichtigen, dass eine **Kündigung** für ihre Wirksamkeit immer der **Schriftform** bedarf sowie der rechtzeitigen Zustellung. Für die rechtzeitige Zustellung trägt der Arbeitgeber grundsätzlich die Beweislast.

d) **Sonstige Rechte und Pflichten im Arbeitsverhältnis**

Darüber hinaus finden sich zahlreiche einzelgesetzliche Regelungen zur Absicherung der Arbeitnehmer, wie beispielsweise die Regelungen des **Bundesurlaubsgesetzes**, wonach ein Mindesturlaubsanspruch von jährlich 24 Werktagen besteht, wobei dieser Urlaubsanspruch sukzessive in Höhe von $1/12$ des Jahresurlaubs für jeden vollen Monat des Bestehens des Arbeitsverhältnisses erworben wird. Sofern dieser Urlaub nicht im Urlaubsjahr oder im Übertragungszeitraum bis zum 31.3. des Folgejahres in Anspruch genommen werden kann, besteht grundsätzlich für den Arbeitnehmer ein Anspruch auf Abgeltung seines Urlaubsanspruchs.

Zudem regelt § 3 **Entgeltfortzahlungsgesetz** einen Anspruch des Arbeitnehmers auf Entgeltfortzahlung, sofern er arbeitsunfähig erkrankt und zwar für eine Dauer von bis zu sechs Wochen. **Mithin sind also auch Urlaubs- und Krankheitszeiten im Arbeitsverhältnis vergütungsmäßig durch die gesetzlichen Regelungen abgedeckt**.

Weitere Arbeitnehmerschutzregelungen enthält das Kündigungsschutzgesetz, dessen Anwendungsbereich hier jedoch nicht eröffnet sein wird im Hinblick darauf, dass hierfür die Beschäftigung von mehr als zehn Arbeitnehmern vorausgesetzt wird, was in der Tagespflege offensichtlich ausscheidet, sofern nicht, wie beispielsweise in Mecklenburg-Vorpommern oder Teilen von Sachsen-Anhalt praktiziert, das Jugendamt direkt den Vertrag mit der Tagespflegeperson als Arbeitgeber abschließt und damit das Jugendamt die Arbeitgeberstellung erwirbt.

Merke:

Tagespflegepersonen, die die Betreuung im Haushalt des Kindes ausüben (sogenannte Kinderfrauen) sind grundsätzlich als abhängig Beschäftigte und damit als Arbeitnehmerinnen zu betrachten. Der Arbeitnehmerstatus führt zu umfänglicher sozialrechtlicher Absicherung und insbesondere zur Lohnfortzahlung im Krankheitsfall sowie während der Urlaubszeiten.

Pendant hierzu ist jedoch ein erheblicher Abzug für Steuer und Sozialversicherung von der Vergütung, wie folgendes Beispiel zeigt, sodass insoweit zu prüfen ist, ob dies eine wirtschaftlich sinnvolle Gestaltung ist.

Beispiel:

Zahlungen an die Tagespflegeperson/Monat	500,00 €
Sozialversicherungsbeiträge:	
– Arbeitslosenversicherung: 2,8 %	14,00 €
– gesetzliche Krankenversicherung im Durchschnitt 15,5 %	77,50 €
– Pflegeversicherung 1,95 %	9,75 €
– Rentenversicherung 19,9 %	99,50 €
Summe Sozialversicherungsbeiträge	200,75 €
hiervon Arbeitnehmeranteil ½	100,38 €
Damit netto vor Steuer	500,00 €
	./. 100,38 €
	399,62 €
abzüglich Steuer nach dem persönlichen Steuersatz z. B. 20 %	79,92 €
verbleiben netto	319,70 €

III. Durchsetzung von Vergütungsansprüchen

Sofern die Eltern die geschuldete Vergütung für die Betreuung nicht zahlen oder ohne Einhaltung der vereinbarten Kündigungsfrist das Betreuungsverhältnis kündigen, ohne dass hierfür ein wichtiger Grund gegeben ist, so stellt sich die Frage, wie die hierdurch entstehenden Vergütungsansprüche durchgesetzt werden können.

Hierzu ist zunächst festzuhalten, dass das Dienstverhältnis ein auf Gegenseitigkeit beruhendes Verhältnis ist, das heißt, Leistung und Gegenleistung müssen erbracht werden. Wird die Vergütung nicht gezahlt, so steht auch der Tagespflegeperson ein **Zurückbehaltungsrecht** hinsichtlich weiterer Betreuungsleistungen zu, solange der Rückstand nicht ausgeglichen ist.

Kündigen die Eltern ohne wichtigen Grund dennoch fristlos das Betreuungsverhältnis, so kann die Tagespflegeperson auf die Einhaltung der Kündigungsfrist bestehen. Dies sollte den Eltern in diesem Fall mitgeteilt werden. Hierbei ist die weitere Betreuung anzubieten. Sofern die Eltern dieses Angebot der weiteren Betreuung bis zum Ablauf der Kündigungsfrist nicht annehmen, geraten sie hierdurch in **Annahmeverzug**. Konsequenz des Annahmeverzuges ist die Verpflichtung zur Zahlung auch dann, wenn eine Betreuungsleistung nicht in Anspruch genommen wird. Das heißt, die Eltern müssen die Vergütung dann bis zum Ablauf der Kündigungsfrist entrichten.

Sofern die Zahlungen, wie geschuldet, von den Eltern nicht geleistet werden, hat die Tagespflegeperson folgende rechtlichen Möglichkeiten:

1. Schriftliche Zahlungsaufforderung mit Fristsetzung

Die Tagespflegeperson kann die Eltern schriftlich zur Zahlung des geschuldeten Betrags auffordern. Hierbei ist die Angabe eines genauen Datums erforderlich. Angemessen ist, eine Zahlungsfrist von zwei Wochen zu setzen. Die Zustellung ist sicherzustellen und diese auch nachweisbar zu gestalten, das heißt, das Zahlungsaufforderungsschreiben entweder mit Datumsangabe vom Empfänger quittieren zu lassen oder aber per Einwurfeinschreiben zuzustellen.

2. Mahnbescheid

Erfolgt dennoch keine Zahlung, kann von der Tagespflegeperson ein **Mahnbescheid** beantragt werden. Hierfür ist lediglich ein Formular auszufüllen, in welchem die Höhe des Anspruchs, der Zinssatz sowie der Zeitpunkt, ab welchem Verzug besteht, das heißt, der Anspruch zu verzinsen ist (dies ist der Fälligkeitszeitpunkt), anzugeben sind. Zu berücksichtigen ist, dass in den meisten Bundesländern ein sogenanntes zentralisiertes Mahnverfahren durchgeführt wird, wofür dann immer ein bestimmtes Mahngericht im jeweiligen Bundesland zuständig ist. Für Rheinland-Pfalz erfolgt die Durchführung des zentralisierten Mahnverfahrens ausschließlich beim Amtsgericht Mayen, in Hessen ist das AG Hünfeld zuständig, in Baden-Württemberg das AG Stuttgart, in Bayern das AG Coburg, in Berlin das AG Wedding, in Bremen das AG Bremen, in Hamburg das AG Hamburg, in Niedersachsen das AG Uelzen, in NRW die AG Euskirchen und Hagen, in Schleswig Holstein das AG Schleswig, in Sachsen-Anhalt das AG Aschersleben. Hier sind entsprechende Mahnbescheide stets zu beantragen. In den Bundesländern Brandenburg, Mecklenburg-Vorpommern, Saarland, Sachsen und Thüringen wurde kein zentrales Mahngericht eingerichtet. Das elektronische Verfahren wurde zwischenzeitlich automatisiert und kann unter *www.mahngerichte.de* durchgeführt werden.

Das Amtsgericht wird sodann einen entsprechenden Mahnbescheid erlassen. Hiergegen könnten die Eltern (Gegner) binnen zwei Wochen Widerspruch erheben. Sofern Widerspruch erhoben wird, wird das Verfahren automatisch in das streitige Verfahren übergeleitet, das heißt, das Mahngericht gibt die Angelegenheit an das zuständige Gericht zur Verhandlung ab. Es ist dann ein zweiter Gerichtskostenvorschuss einzuzahlen und der Anspruch entsprechend zu begründen. Sofern der Anspruch dann beim Amtsgericht geltend gemacht wird (bis zu einem Streitwert von 5 000,00 €) kann die Durchführung des Verfahrens ohne Anwalt erfolgen. Bei Landgerichten hingegen ist Anwaltszwang gegeben.

3.   Vollstreckungsbescheid

Legen die Eltern keinen Widerspruch gegen den Mahnbescheid ein, so kann nach Ablauf der Zweiwochenfrist ein sogenannter **Vollstreckungsbescheid** bei dem Gericht, welches den Mahnbescheid erlassen hat, beantragt werden.

Dies ist ein vollstreckbarer Titel. Er kann dem Gerichtsvollzieher zur Eintreibung der geschuldeten Beträge übergeben werden. Auch gegen den Vollstreckungsbescheid können die Verpflichteten wiederum Einspruch einlegen. Auch hierfür gilt wiederum die Zweiwochenfrist. Auch in diesem Fall wird die Abgabe in das streitige Verfahren, wie zuvor beschrieben, verfügt.

Der Vollstreckungsbescheid ist ein sogenannter Titel ebenso wie jedes Urteil, mit welchem die Zwangsvollstreckung betrieben werden kann. Dieser Titel wirkt 30 Jahre, das heißt, es können mehrere Zwangsvollstreckungsversuche unternommen werden, sofern der Betrag nicht gleich eingetrieben werden kann, z. B. aufgrund einer besonderen finanziellen Situation der Personensorgeberechtigten.

4.   Klage

Besteht von vornherein Streit über Grund oder Höhe der zu entrichtenden Vergütung, so kann statt der Durchführung des Mahnverfahrens auch direkt **Klage** erhoben werden, da ansonsten aufgrund von Widerspruch oder Einspruch ohnehin mit einem Klageverfahren zu rechnen ist. In diesem Fall ist das örtlich zuständige Gericht anzurufen. Es ist dies in der Regel das Gericht am Ort der Leistungserbringung, das heißt dem Wohnsitz der Tagespflegeperson (bei selbstständig Tätigen) bzw. dem Wohnsitz der Personensorgeberechtigten (bei Tätigkeit im Haushalt der Eltern).

Zu berücksichtigen ist, dass für einige Bundesländer Besonderheiten bestehen, so zum Beispiel für Hessen, wo seit dem 1.6.2001 das Schlichtungsverfahren vorgeschrieben ist. Hier ist bei vermögensrechtlichen Streitigkeiten mit einem Streitwert von bis zu 750,00 € ein Schlichtungsverfahren zu durchlaufen, bevor eine Klage beim Amtsgericht erhoben werden darf.

Auskunft zu diesem Verfahren erteilen die anerkannten Gütestellen, die beispielsweise bei den jeweiligen Rechtsanwaltskammern in diesen Ländern eingerichtet sind.

IV.   Aufsichtspflicht und Haftung

Gemäß § 1631 BGB haben die Personensorgeberechtigten die Pflicht und das Recht, das Kind zu pflegen, zu erziehen, zu beaufsichtigen und seinen Aufenthalt zu bestimmen.

Entwürdigende Erziehungsmaßnahmen, insbesondere körperliche und seelische Misshandlungen, sind unzulässig. Diese Rechte und Pflichten können die Personensorgeberechtigten zeitweise und teilweise auf Dritte übertragen, so zum Beispiel im Rahmen der Tagespflege. Zu berücksichtigen ist hierbei immer das **vorrangige Elternrecht**. Das heißt, die Erziehungsregeln, die von den Eltern vorgegeben werden, sind grundsätzlich von der Tagespflegeperson zu berücksichtigen und umzusetzen, ohne Rücksicht auf ihre eigene Auffassung diesbezüglich. Selbstverständlich bringen die Tagespflegepersonen ihre erzieherische Auffassung allein durch den täglichen Umgang mit dem Kind tatsächlich ein, indem sie dem Kind den Umgang mit gewissen Lebenssituationen und auch mit Konflikten vorleben. Grenze hierbei bildet jedoch immer das zu berücksichtigende Elternrecht.

Aus den Rechten und Pflichten der Personensorgeberechtigten erfolgt im Rahmen der Tagespflege eine Vollübertragung der Aufsichtspflicht auf die Tagespflegeperson für den Zeitraum der Tagespflege. Hierzu ist zu berücksichtigen, dass die Beaufsichtigung grundsätzlich vorrangig dem Schutze des Kindes gilt, insbesondere dahin gehend das Kind vor Schaden und Schädigung, z. B. durch gefährliche Spielsachen, Schusswaffen, Gift, Feuer, allgemeine sonstige Lebensgefahren, Gefahren des Straßenverkehrs und Schädigung durch Dritte, zu bewahren.

Daneben beinhaltet die Aufsichtspflicht auch einen Schutzzweck zugunsten Dritter vor Schädigung durch das Kind. Aus diesen Aufsichtspflichten können Haftungstatbestände gemäß § 823 ff. BGB erwachsen.

1. Die Aufsichtspflicht

Eine Aufsichtspflicht besteht grundsätzlich für Minderjährige oder Personen, die wegen ihres geistigen oder körperlichen Zustandes der Beaufsichtigung bedürfen. Die Aufsichtspflicht für Minderjährige ist eine vom Gesetz vorgegebene, grundsätzliche Verpflichtung, die allein aufgrund der Minderjährigkeit besteht, unabhängig von den Gegebenheiten des Einzelfalles.[18]

Die Aufsichtspflicht über das Kind ergibt sich aus dem Gesetz. Sie besteht für Eltern, Vormund und Pfleger (§§ 1626 ff., 1671 ff., 1757, 1765, 1793, 1797, 1800, 1909 ff. und 1915 BGB).

Diese Aufsichtspflicht kann **kraft Vertrages auf Dritte übertragen** werden. Bei einer derartigen vertraglichen Übertragung der Aufsichtspflicht haftet dann derjenige, der zur Aufsicht verpflichtet ist ebenso wie der gesetzlich Verpflichtete gemäß § 832 Abs. 2 BGB. Das Gesetz sagt hierzu:

> *„Wer kraft Gesetzes zur Führung der Aufsicht über eine Person verpflichtet ist, die wegen Minderjährigkeit oder wegen ihres geistigen oder körperlichen Zustandes der Beaufsichtigung bedarf, ist zum Ersatze des Schadens verpflichtet, den diese Person einem Dritten widerrechtlich zufügt. Die Ersatzpflicht tritt nicht ein, wenn er seiner Aufsichtspflicht genügt oder wenn der Schaden auch bei gehöriger Aufsichtsführung entstanden sein würde. Die gleiche Verantwortlichkeit trifft denjenigen, welcher die Führung der Aufsicht durch Vertrag übernimmt."*

In diesem Fall haftet der durch Vertrag zur Aufsicht Verpflichtete (Tagespflegeperson) neben den per Gesetz Aufsichtspflichtigen (Eltern) als Gesamtschuldner, so typischerweise das Kindermädchen. Gesamtschuldnerschaft bedeutet, dass ein dritter Gläubiger für einen ihm entstandenen Schaden grundsätzlich beide Gesamtschuldner, das heißt die Tagespflegeperson wie auch die Eltern, in Anspruch nehmen kann. Der Gläubiger kann sich aussuchen, welchen Schuldner er in Anspruch nimmt und in welcher Höhe. Er kann

---

18. BGH, NJW 76, 1145

grundsätzlich von jedem Schuldner Ersatz des gesamten Schadens verlangen. Die Gesamtschuldner sind dann untereinander zum jeweiligen Ausgleich nach Köpfen oder Verschuldensgrad verpflichtet (§§ 426 ff. BGB).

Anders hingegen im Fall der selbständig ausgeübten Tagespflege. Hier besteht keine Gesamtschuldnerschaft. Vielmehr wird die Aufsichtspflicht für die Zeit der Tagespflege vollständig auf die Tagespflegeperson übertragen. Hieraus resultiert die Haftung der Tagespflegeperson in vollem Umfang als Aufsichtspflichtige gemäß § 832 BGB, das heißt für Schäden, die durch das Kind bei Dritten verursacht wurden, oder auch für Schäden, die das Kind selbst erlitten hat.

Erleidet das Kind selbst einen Schaden, können die Eltern zudem hierfür von der Tagespflegeperson Schadenersatz verlangen, z. B. für Arzt- und Heilbehandlungskosten, Ersatz von Folgeschäden, z. B. Verdienstausfall, oder Ersatz materieller Sachschäden.

Inhalt der Aufsichtspflicht ist die Beobachtung, die Belehrung und Aufklärung, die Leitung und die Einflussnahme auf das Verhalten des Kindes. Das Maß der gebotenen Aufsicht richtet sich nach **Alter, Eigenart und Charakter des Kindes** sowie der **Voraussehbarkeit** eines schädigenden Verhaltens und danach, was **verständige Eltern** nach **vernünftigen Anforderungen in der konkreten Situation** an erforderlichen und zumutbaren Maßnahmen treffen müssen, um Schädigungen Dritter durch das Kind zu vermeiden.

Hierbei ist zu berücksichtigen, dass die Belehrung, die Aufsicht und die Überwachung umso intensiver sein müssen, je geringer der Erziehungserfolg ist, das heißt, je schwieriger das Kind mit erzieherischen Maßnahmen zu beeinflussen ist.[19] Ebenfalls Inhalt der Aufsichtspflicht ist, dass sich der Aufsichtspflichtige darum zu kümmern hat, womit sich die Kinder in ihrer Freizeit beschäftigen, um Schädigungen beispielsweise durch negativ einwirkende Spielsachen oder gewaltverherrlichende Fernsehsendungen zu vermeiden.

Besonders erhöhte Aufsichtspflichten bis hin zu einer mehr oder weniger ständigen und unmittelbaren Kontrolle beste-

---

19. BGH, NJW 80, 1044

hen bei Kindern, die bekanntermaßen zu üblen Streichen und Straftaten neigen, sowie bei schwer erziehbaren Kindern und retadierten, schwer verhaltensgestörten Kindern mit ausgeprägter Aggressionsbereitschaft sowie psychisch auffälligen Kindern, z. B. mit besonderer Zündelneigung.

Dennoch zu berücksichtigen ist die Würde des Kindes sowie das Ziel, dem Kind eine hinreichende Persönlichkeitsentwicklung hin zu Eigenständigkeit und Verantwortungsbewusstsein zu ermöglichen. Eine Verletzung der Aufsichtspflicht wird daher z. B. in Fällen verneint, wenn Kindern zwischen sechs und neun Jahren das Spielen in einem besonders abgegrenzten Bereich im Freien ohne ständige Aufsicht bei nur gelegentlicher Aufsicht gewährt wird, oder ein sechsjähriges Kind, welches im Radfahren geübt ist, in vertrauter Umgebung ohne Begleitung Rad fahren darf. Allerdings ist im Hinblick auf die Bejahung einer Verletzung der Aufsichtspflicht jeweils der **Einzelfall** zu prüfen. Zu berücksichtigen ist, dass im Schadensfall der Aufsichtspflichtige umfassend und konkret darlegen und beweisen muss, was er zur Erfüllung seiner Aufsichtspflicht alles im Einzelnen unternommen hat und dass eben dies angemessen für den konkreten Fall war. Nur so kann der Aufsichtspflichtige einen Entlastungsbeweis führen (sogenannte Exculpation).

2. Haftungsumfang

Eine Haftung kommt nur in Betracht, wenn der zu Beaufsichtigende, das heißt das Kind, eine **unerlaubte Handlung** im Sinne des § 823 ff. BGB begangen hat, während der Aufsichtspflichtige seine bestehende Aufsichtspflicht zumindest fahrlässig verletzt hat. Was eine derartige unerlaubte Schaden begründende Handlung ist, regelt § 823 BGB wie folgt:

> *„Wer vorsätzlich oder fahrlässig das Leben, den Körper, die Gesundheit, die Freiheit, das Eigentum oder ein sonstiges Recht eines anderen widerrechtlich verletzt, ist dem anderen zum Ersatze des daraus entstehenden Schadens verpflichtet.*

> *Die gleiche Verpflichtung trifft denjenigen, welcher gegen ein den Schutz eines anderen bezweckendes Gesetz verstößt. Ist nach dem Inhalt des Gesetzes ein Verstoß gegen dieses auch ohne Verschulden möglich, so tritt die Ersatzpflicht nur im Falle des Verschuldens ein."*

Damit trifft die Verantwortlichkeit und damit auch die Haftung für den verursachten Schaden grundsätzlich den **Schadensverursacher**. Bei Kindern ist eine eigene Verantwortung für den Schaden insoweit jedoch ausgeschlossen, als die Kinder bis zur Vollendung des siebten Lebensjahres **deliktsunfähig** sind und daher gemäß § 828 Abs. 1 BGB für einen von ihnen verursachten Schaden auch nicht verantwortlich und damit in der Folge auch nicht schadenersatzpflichtig sind.

Kinder hingegen, die **eingeschränkt deliktsfähig** sind (zwischen 7 und 18 Jahren), haften nicht für den von ihnen verursachten Schaden, sofern sie bei der Begehung der schädigenden Handlung nicht die zur Erkenntnis der Verantwortlichkeit erforderliche Einsicht hatten. Bei den beschränkt deliktsfähigen Kindern ist damit im Einzelfall die Frage der Verantwortlichkeit zu prüfen. Eine Sonderregelung besteht für Schäden, die im fließenden motorisierten Bahn- und Straßenverkehr verursacht werden. Hierfür haften Kinder unter 10 Jahren nur bei vorsätzlichem Handeln.

Achtung:

Dies gilt nicht bei Beschädigung geparkter Fahrzeuge!

In der Konsequenz richten sich in diesen Fällen, in denen die Kinder selbst nicht verantwortlich gemacht werden können, daher die Schadenersatzansprüche des geschädigten Dritten gegen die zur Aufsicht verpflichtete Person, das heißt bei Schadensverursachung während der Tagespflegezeit gegen die Tagespflegeperson.

Sofern die Tagespflegeperson dann nicht den Entlastungsbeweis führen kann, haftet sie für den verursachten Schaden auch dann, wenn sie nur fahrlässig ihre Aufsichtspflicht verletzt hat. Ein Vorsatz oder schuldhaftes Verhalten der Tagespflegeperson ist hierfür nicht erforderlich.

> **Merke:**
>
> Es muss zunächst der Eintritt eines schädigenden Ereignisses vorliegen. Hierbei muss das Kind vorsätzlich oder fahrlässig einen Schaden herbeigeführt haben.
>
> Demgegenüber steht die Verletzung der Aufsichtspflicht. Bei der Verletzung der Aufsichtspflicht genügt eine fahrlässige Verletzung der Aufsichtspflicht, sofern der Entlastungsbeweis nicht geführt werden kann, für eine Haftung der Tagespflegeperson.

Die gesetzlichen Bestimmungen sehen vor, dass eine Haftung für den verursachten Schaden **in unbegrenzter Höhe** erfolgt. Dies bedeutet, die aufsichtspflichtige Tagespflegeperson haftet für den verursachten Schaden grundsätzlich mit ihrem vollen Privatvermögen in voller Höhe.

Dies zeigt deutlich, dass eine Absicherung hinsichtlich dieses Haftungsrisikos durchaus sinnvoll ist. So kann zum Beispiel durch ein spielendes Kind ein erheblicher Schaden an einem parkenden oder fahrenden Kraftfahrzeug verursacht werden, der finanziell schnell in schwindelerregende Höhen steigt.

Auch können die Eltern, die auf Schadenersatz in Anspruch genommen werden, in solchen Fällen Ersatz von der Tagespflegeperson verlangen, sofern hier eine Aufsichtspflichtverletzung nachgewiesen werden kann.

Auch im Rahmen der gesamtschuldnerischen Haftung, wie oben dargelegt, kann es daher durchaus dazu kommen, dass die Tagespflegeperson aufgrund der Verletzung der Aufsichtspflicht vollständig allein haftet. Sinnvoll ist daher der Abschluss einer Betriebshaftpflichtversicherung durch die Tagespflegeperson. Hierbei sollte berücksichtigt werden, dass alle möglichen Schadensfälle (Personen-, Sach- und Vermögensschäden) abgesichert werden.

> **Merke:**
>
> Wenn die Tagespflegeperson nicht haftpflichtversichert ist, haftet sie im Schadensfall aus der Aufsichtsverletzung in voller Höhe allein mit ihrem gesamten Privatvermögen!

Einige Jugendämter nehmen die bei ihnen gemeldeten Tagespflegeperson für das jeweils zu betreuende Kind in eine Sammelhaftpflichtversicherung des Jugendamtes auf. Auch hier ist jedoch zu prüfen, ob diese Haftpflichtversicherung vollumfänglichen Schutz bietet und ob gegebenenfalls eine Ergänzung vorzunehmen ist, da diese in der Regel keine Vermögenschäden abdeckt.

Nicht versichert sind die Schäden, die das Kind bei der Tagespflegeperson oder im Haushalt der Tagespflegeperson anrichtet. Diese Schäden sind auch nicht versicherbar durch eine Haftpflichtversicherung der Tagespflegeperson, da das Tagespflegekind hier den Status eines eigenen Kindes erhält.

Um hier Absicherung zu schaffen, sollten daher entsprechende Regelungen im Betreuungsvertrag hinsichtlich einer Haftung der Eltern für die vom Kind verursachten Schäden bei der Tagespflegeperson aufgenommen werden, da ansonsten eine Ersatzpflicht grundsätzlich im Hinblick auf die Übertragung der Aufsichtspflichten nicht besteht.

Das heißt, auch die Haftpflicht der Eltern tritt in diesen Fällen regelmäßig nicht ein im Hinblick darauf, dass der Tagespflegeperson, welcher die Aufsichtspflicht übertragen wurde, in diesem Fall eine erhöhte Mitschuld zugewiesen wird und damit der Schaden nicht ausgleichspflichtig ist.

V. Schweigepflicht und Datenschutz

Auch im Rahmen der Tagespflege sind die Schweigepflicht sowie auch die Regelungen des Datenschutzes zu berücksichtigen. Aufgrund des besonderen Näheverhältnisses im Rahmen der Tagespflege kommt es zwangsläufig zu Einblicken der Tagespflegeperson in die private und familiäre Situation des Kindes und seiner Eltern wie auch umgekehrt. Zu berücksichtigen hierbei ist, dass gemäß Art. 6 Abs. 1 GG die Familie besonders geschützt ist. Zudem trägt das Grundgesetz mit zahlreichen Regelungen dem Schutz der Privatsphäre Rechnung.

Ergänzend hierzu sieht auch das Strafgesetzbuch entsprechende Sanktionen bei Geheimnisverrat vor (§ 203 StGB). Insoweit ist hier daher höchste Vorsicht geboten.

Es ist zwingend, dass im Rahmen der Tagespflege ein Austausch von Informationen zwischen Eltern und der Tagespflegeperson sowie Eltern und dem Jugendamt stattfindet. Selbstverständlich sind diese Informationen und Daten zu schützen. Unser Sozialgesetzbuch I (§ 35) regelt das sogenannte Sozialgeheimnis. Hiernach sind alle eine Person betreffenden Sozialdaten zu schützen. Sie dürfen nicht unbefugt erhoben, verarbeitet oder genutzt werden. Insoweit ist daher auch sicherzustellen, dass die Informationen, die zwischen Tagespflegeperson und Eltern sowie der Behörde ausgetauscht werden, entsprechend geschützt sind. Es empfiehlt sich daher dringend, eine derartige Regelung im Betreuungsvertrag aufzunehmen.

Hier könnte es beispielsweise heißen:

„Die Vertragsparteien verpflichten sich über alle Angelegenheiten, die den persönlichen Lebensbereich der jeweils anderen Vertragspartei betreffen und daher ihrer Natur nach einer Geheimhaltung bedürfen, sowie sämtliche Sozialdaten hinsichtlich derer Kenntnis erlangt worden ist, Stillschweigen zu bewahren. Dies gilt auch für die Zeit nach Beendigung des Vertragsverhältnisses."

Hierdurch ist sichergestellt, dass eine gegenseitige Schweigepflicht besteht.

VI.   Die Absicherung der Tagespflegeperson

1.   Alterssicherung

a)   Abhängig beschäftigte Tagespflegepersonen/ Arbeitnehmer

Hier besteht eine gesetzliche Rentenversicherungspflicht, wie in jedem Arbeitsverhältnis. Die Höhe des gesamten Beitragssatzes beträgt zurzeit **19,9 %** der Einnahmen. Hiervon haben die Arbeitgeber (Eltern) und die Tagespflegeperson jeweils die Hälfte zu tragen. Besonderheiten gelten für geringfügige Beschäftigungsverhältnisse.

49

b)   **Selbstständige Tagespflegepersonen**

Ein besonderer Brennpunkt liegt in der Frage der Rentenversicherungspflicht selbstständiger Tagespflegepersonen, die schon seit Jahren Literatur und Rechtsprechung beschäftigt und bereits zu diversen Stellungnahmen der zuständigen Ministerien sowie der BfA geführt hat.

Als Gesamtergebnis hieraus ist festzuhalten, dass eine **Einzelfallprüfung** für die Beurteilung der Frage der Sozialversicherungspflicht einer Tagespflegeperson erforderlich ist. Für die Versicherungspflicht in der gesetzlichen Rentenversicherung von Tagespflegepersonen kommen verschiedene Rechtsgrundlagen in Betracht. Zunächst § 1 Nr. 1 SGB VI für abhängig Beschäftigte. Sodann § 2 Nr. 1 und 2 SGB VI, wonach die Rentenversicherungspflicht durch die Zugehörigkeit zu bestimmten Tätigkeitsfeldern, die typischerweise arbeitnehmerähnliche Strukturen aufweisen, begründet wird, auch wenn hier prinzipiell eine selbstständige Tätigkeit vorliegt. Zuletzt kann auch eine Einbeziehung in die Rentenversicherungspflicht nach § 2 Nr. 9 SGB VI in Betracht kommen für die sogenannten arbeitnehmerähnlichen Selbstständigen. Im Einzelnen:

ba)   **Versicherungspflicht nach § 1 Nr. 1 SGB VI**
Hiernach unterliegen Personen, die gegen Arbeitsentgelt oder zu ihrer Berufsausbildung beschäftigt sind der gesetzlichen Rentenversicherungspflicht. Voraussetzung ist also das Vorliegen eines Beschäftigungsverhältnisses im Sinne des § 7 SGB IV. Die Frage, ob ein Beschäftigungsverhältnis vorliegt, wird in Rechtsprechung und Literatur an den typusbildenden Merkmalen für die Unterscheidung zwischen Arbeitnehmerstatus und Selbstständigenstatus festgemacht.

Grundsätzlich gehen die Sozialversicherungsträger davon aus, dass die Tagespflegepersonen, die sich der häuslichen Beaufsichtigung und Betreuung von Kindern widmen, grundsätzlich nicht zu den abhängig Beschäftigten gehören

und die Übernahme der Betreuung der Kinder
für Fremde nicht durch eine Weisungsabhängigkeit geprägt ist (siehe Gemeinsames Rundschreiben der Spitzenverbände der Sozialversicherungsträger vom 16.6.1999 in der Fassung
vom 22.5.2005). Ein abhängiges Beschäftigungsverhältnis kann jedoch im Ausnahmefall vorliegen. Dies wird in der Regel dann der Fall sein,
wenn die Betreuung im Haushalt der Eltern
vorgenommen wird und eine gewisse Weisungsgebundenheit vorliegt.

bb) Versicherungspflicht nach § 2 Nr. 1 SGB VI
Ist die Tagespflegeperson hingegen selbstständig tätig, so kann dennoch eine Rentenversicherungspflicht gegeben sein gemäß § 2 Nr. 1, Nr. 2
oder Nr. 9 SGB VI. Nach § 2 Nr. 1 SGB VI sind
Lehrer und Erzieher, die im Zusammenhang mit
ihrer selbstständigen Tätigkeit keinen versicherungspflichtigen Arbeitnehmer beschäftigen,
obwohl sie selbstständig tätig sind, dennoch rentenversicherungspflichtig. In Betracht kommt
hier für die Tagespflegeperson allenfalls die Erfassung als Erzieher. Eine Legaldefinition des
Begriffs des Erziehers ist weder gesetzlich noch
durch die Rechtsprechung gegeben. Die Kommentarliteratur stellt hier jedoch darauf ab, dass
die erzieherische Tätigkeit in Abgrenzung zur
Lehrertätigkeit weniger auf die Vermittlung von
Bildung, Wissen und Können abstellt, sondern
vielmehr auf die Entwicklung der Persönlichkeit, des Charakters und der Sozialisation des
zu erziehenden Kindes gerichtet ist. Eine entsprechende **Ausbildung** als Erzieher oder eine
pädagogische Ausbildung sind für die Frage der
Rentenversicherungspflicht **nicht maßgeblich**.

Voraussetzung für eine qualifizierte Erziehung
im Sinne des § 23 SGB VIII ist die Eignung der
Pflegeperson zur Ausführung der Tagespflege,
die im Rahmen der Qualifizierungsmaßnahme
festgestellt wird.

bc) Versicherungspflicht nach § 2 Nr. 2 SGB VI

Zudem kommt eine Rentenversicherungspflicht dann in Betracht, wenn die selbstständig Tätigen als Pflegepersonen in der Kranken-, Wochen-, Säuglings- oder Kinderpflege tätig sind und im Zusammenhang mit ihrer selbstständigen Tätigkeit keinen versicherungspflichtigen Arbeitnehmer beschäftigen. Nach überwiegender Ansicht handelt es sich bei diesen Berufen grundsätzlich um weisungsabhängige und insoweit arbeitnehmerähnliche Tätigkeiten.[20]

In der Regel sind diese selbstständig Tätigen jedoch nicht als Arbeitnehmer beschäftigt, sodass sich die Begründung der geforderten Weisungsabhängigkeit nur darauf beziehen kann, dass die Pflegepersonen grundsätzlich auf ärztliche Anordnung bzw. Verordnung tätig werden. Demzufolge handelt es sich also im Gegensatz zu den in § 2 Nr. 1 SGB VI genannten Berufsgruppen hier bei der Kinderpflegerin oder Säuglingspflegerin deutlich um einen Beruf mit medizinisch-gesundheitlichem Schwerpunkt. Eine Tagespflegeperson, deren Tätigkeitsschwerpunkt auf der erzieherischen Betreuung des Kindes und nicht auf der gesundheitlich-medizinischen Betreuung des Kindes liegt, kann daher wohl nicht Pflegeperson im Sinne des § 2 Nr. 2 SGB VI sein. Die Begründung einer Rentenversicherungspflicht nach dieser Vorschrift ist daher eher unwahrscheinlich.

bd) Versicherungspflicht nach § 3 SGB VI

Auch eine Versicherungspflicht nach § 3 SGB VI kommt nicht in Betracht im Hinblick darauf, dass hier Bezug genommen ist auf die Pflegetätigkeit nach dem XI. Sozialgesetzbuch.

---

20. Siehe BSG, B. v. 22.2.1996, Sozialrecht III, § 2 Nr. 1, S. 3.

be) **Versicherungspflicht nach § 2 Ziffer 9 SGB VI**

Eine gesetzliche Rentenversicherungspflicht besteht sodann nach vorstehender Vorschrift auch für die sogenannten **arbeitnehmerähnlichen Selbstständigen**. Die Rentenversicherungspflicht ist dann begründet, wenn:

– im Zusammenhang mit der selbstständigen Tätigkeit regelmäßig kein versicherungspflichtiger Arbeitnehmer beschäftigt wird, dessen Arbeitsentgelt aus dem Beschäftigungsverhältnis regelmäßig 400,00 € im Monat übersteigt und

– auf Dauer und im Wesentlichen nur für einen Auftraggeber die Tätigkeit ausgeübt wird.

Auch nach dieser Vorschrift ist daher zu überprüfen, ob die Tagespflegeperson diese Voraussetzungen erfüllt und insoweit als arbeitnehmerähnliche Selbstständige zu betrachten ist.

c) **Standpunkt der Bundesversicherungsanstalt für Angestellte zur Frage der Rentenversicherungspflicht von Tagespflegepersonen**

Die Bundesversicherungsanstalt für Angestellte hat ebenfalls zu der Frage der versicherungsrechtlichen Beurteilung von Pflegepersonen Stellung genommen. Von Seiten der BfA wird zunächst klargestellt, dass immer dann, wenn nicht mehr als fünf Kinder betreut werden, grundsätzlich davon auszugehen ist, dass eine erwerbsmäßige Betreuung nicht vorliegt und dementsprechend auch keine Rentenversicherungspflicht besteht. Allerdings gibt es hiervon eine Ausnahmeregelung.

Diese greift nach Auffassung der BfA immer dann, wenn die Einnahmen, die die Tagespflegeperson bezieht, nicht ausschließlich aus öffentlichen Kassen gezahlt werden. Nach Auffassung der BfA ist die Sozialversicherungspflicht nämlich **an die Steuerpflicht** der Tagespflegeperson **geknüpft**. Nur dann, wenn die Tagespflegeperson ausschließlich die nach § **3 Nr. 11 EStG** steuerfrei gestellten Einkünfte (vom Jugendamt gezahlt) bezieht, das heißt ausschließlich Zahlungen aus öffentlichen Kassen erhält, ist zugleich auch von einer Sozialversicherungsfreiheit auszugehen, sofern nur bis zu fünf Kinder betreut werden. In der Konsequenz bedeutet dies, dass eine Sozialversicherungspflicht von Seiten der BfA immer dann angenommen wird, wenn

a) neben Zahlungen aus öffentlichen Kassen auch Zahlungen aus privater Hand erfolgen oder ausschließlich private Zahlungen erfolgen

oder

b) mehr als fünf Kinder betreut werden, unabhängig davon, ob hierfür die Vergütung ausschließlich aus öffentlichen Kassen oder auch aus privater Hand gezahlt wird.

In der Konsequenz unterliegt in dem Fall, dass mehr als fünf Kinder betreut werden, das gesamte erzielte Einkommen, das heißt sowohl die Beträge, die aus öffentlichen Kassen gezahlt werden, als auch der Betrag, der aus privater Hand gezahlt wird, vollumfänglich der Sozialversicherungspflicht.

In dem Fall, dass Zuzahlungen durch private erfolgen, jedoch nicht mehr als fünf Kinder betreut werden, hingegen ist nur der Teil der Vergütung, der aus privater Hand gezahlt wird und daher nicht steuerfrei gestellt ist, als beitragspflichtiges Arbeitseinkommen der Tagespflegeperson zu qualifizieren, sodass die Sozialversicherungsbeiträge auch nur auf diesen Betrag berechnet werden.

d) **Auffassung des Bundesministeriums für Familie zur Frage der rentenversicherungsrechtlichen Beurteilung von Tagespflegepersonen**

Auch die Bundesministerin hat zum Themenkomplex der Rentenversicherungspflicht von Tagespflegepersonen bereits im Jahr 2003 Stellung genommen. Diese Stellungnahme wird immer noch aktuell aufrechterhalten. Die Ministerin stellt hier zunächst klar, dass mit der Regelung über die Rentenversicherungspflicht selbstständiger Erwerbstätiger im Wesentlichen der Grundgedanke verfolgt wird, einen bei typisierender Betrachtungsweise als sozial schutzbedürftig erkannten Personenkreis selbstständig Tätiger entsprechend abzusichern durch die Einbeziehung in die Rentenversicherung. Auch das Ministerium prüft sodann den versicherungsrechtlichen Status der jeweiligen Tagespflegeperson unter Anknüpfung an die arbeitsrechtlichen Statusfeststellungen im Hinblick auf die Differenzierung zwischen abhängiger Beschäftigung und selbstständiger Tätigkeit. Nach Auffassung des Bundesministeriums ist in der Regel bei der Tagespflege in der überwiegenden Zahl von Fällen nicht von einem abhängigen Beschäftigungsverhältnis auszugehen, sodass in der Regel eine Versicherungspflicht nach § 1 Satz 1 Nr. 1 SGB VI nicht gegeben ist.

Sodann stellt die Ministerin aber fest, dass für die weitere Frage, ob eine Rentenversicherungspflicht besteht, dann zunächst an die Frage der Steuerpflicht anzuknüpfen ist. Auch das Ministerium vertritt die von der BfA vertretene Auffassung, dass von einer erwerbsmäßigen Tätigkeit, die eine Rentenversicherungspflicht begründet nur dann auszugehen ist, wenn mehr als fünf Kinder betreut werden oder neben den Zahlungen aus öffentlichen Kassen auch Zahlungen aus privater Hand erfolgen, die nicht nach § 3 Nr. 11 EStG steuerfrei gestellt sind. Im Ergebnis ist also auch das Bundesministerium diesbezüglich der Auffassung, dass dann, wenn steuerpflichtige Einkünfte, das heißt Zahlungen aus privater Hand, vorliegen, von einer Rentenversicherungspflicht auszugehen ist. Die Frage, ob die Rentenversicherungspflicht dann nach § 2 Satz 1 Nr. 1, § 2 Satz 1 Nr. 2 oder § 2 Satz 1 Nr. 9 SGB VI vorliegt, lässt das Ministerium offen und sagt insoweit nur, dass eine Einzelfallprüfung erforderlich ist.

Im Ergebnis stimmt daher das Bundesministerium mit der Auffassung der BfA überein. Die Anknüpfung an die Steuerpflicht führt somit im Zuge der Neuregelung der Steuerpflicht ab 1.1.2009 in jedem Falle zur Annahme einer Rentenversicherungspflicht.

e) **Bisherige Rechtsprechung zur Rentenversicherungspflicht von Tagespflegepersonen**

Bisher liegen zum Thema der Rentenversicherungspflicht von Tagespflegepersonen lediglich drei Entscheidungen der Sozialgerichte vor.

1. **Urteil des Sozialgerichts Mannheim vom 12.12.2003**

Das Sozialgericht Mannheim hatte am 12.12.2003[21] über die Frage der Rentenversicherungspflicht einer Tagespflegeperson zu entscheiden. Die klagende Tagespflegeperson betreute nicht mehr als fünf Kinder, teilweise nur vormittags und teilweise auch ganztags, und bezog hierfür Einkünfte in Höhe von brutto ca. 900,00 DM monatlich.

Das Sozialgericht Mannheim entschied in diesem Fall, dass die Tagespflegeperson nicht pflichtversichert in der gesetzlichen Rentenversicherung sei. Das Sozialgericht nahm hierbei Bezug auf die Antwort der Bundesregierung auf eine parlamentarische Anfrage vom 4.12.2001 zur einkommensteuerlichen und rentenversicherungsrechtlichen Situation von Müttern und Vätern in der Tagespflege, in welcher die Bundesregierung dargelegt hatte, dass die gesetzliche Pflichtmitgliedschaft in der gesetzlichen Rentenversicherung in diesem Falle eher die Ausnahme sei.[22]

Auch das Sozialgericht Mannheim stellt darauf ab, dass grundsätzlich zunächst der versiche-

---

21. SG Mannheim U. v. 12.12.2003, Az. S 4 RA 2424/03
22. BT-Drucksache 14/7725, S. 5/6

rungsrechtliche Status der Tagespflegeperson dahin gehend zu klären ist, ob diese abhängig beschäftigt oder selbstständig tätig ist.

Eine Zuordnung zu dem Personenkreis des § 2 Satz 1 Nr. 1 SGB VI nimmt das Sozialgericht Mannheim nicht vor im Hinblick darauf, dass die Tagespflegeperson nach Auffassung des Sozialgerichtes Mannheim **nicht im Wesentlichen pädagogisch tätig** ist, da sie keine erzieherische Funktion in diesem Sinne ausübt. Darüber hinaus verneinte das Sozialgericht Mannheim auch die Rentenversicherungspflicht nach § 2 Satz 1 Nr. 2 SGB VI mit der Begründung, dass eine **medizinische Betreuung hier nicht durchgeführt** wird, sondern die Tagespflege als reguläre Betreuung erfolgt.

Im Hinblick darauf, dass die klagende Tagespflegeperson hier auch nicht mehr als fünf Kinder betreute, ging das Sozialgericht zutreffend auch nicht von einer erwerbsmäßig ausgerichteten Tätigkeit aus. Auch die Sozialversicherungspflicht nach § 2 Satz 1 Nr. 9 SGB VI als sogenannte arbeitnehmerähnliche Selbstständige verneinte das Sozialgericht Mannheim im Hinblick darauf, dass die Tagespflegeperson mehrere Kinder betreute und damit mehrere Auftraggeber hatte.

Zudem bezieht das Sozialgericht Mannheim in dieser Entscheidung ganz klar den Standpunkt, dass allein der Umstand, dass die Vergütung vorliegend auf privatrechtlicher Grundlage erfolgt und die Einnahmen deshalb steuerpflichtig sind, nicht den zwingenden Schluss auf eine Rentenversicherungspflichtigkeit nach § 2 SGB VI zulässt. Hier vertritt das Sozialgericht Mannheim mithin definitiv den gegensätzlichen Standpunkt im Hinblick auf die Auffassung der BfA und kommt auch unter dem Gesichtspunkt der Gleichbehandlung zu dem grundsätzlichen Ergebnis, dass im Zweifel von der Versicherungsfreiheit der Tagespflegeperson auszugehen ist.

Diese Entscheidung ist daher prädestiniert, um im Streitfalle die Auffassung hinsichtlich einer Versicherungsfreiheit zu begründen. Das Urteil des Sozialgerichts Mannheim vom 12.12.2003 ist daher ein Argument im Rahmen entsprechender Streitigkeiten mit dem Sozialversicherungsträger.

2. **Urteil des Sozialgerichts Lüneburg vom 9.3.2004[23]**

Anders die Auffassung des Sozialgerichtes Lüneburg aus dem Jahre 2004. Das Landgericht Lüneburg hatte über einen Fall zu entscheiden, in dem die Tagespflegeperson maximal fünf Kinder betreute, wobei sie Teile ihrer Einkünfte aus öffentlichen Kassen bezog und Teile aus privater Hand. Auch diese Tagespflegeperson wurde vom Sozialversicherungsträger zur Rentenversicherung herangezogen und klagte hiergegen. Das Sozialgericht Lüneburg entschied daraufhin, dass von einer erwerbsmäßigen und infolge dessen rentenversicherungsrechtlich zu beurteilenden selbstständigen Tätigkeit immer dann auszugehen sei, wenn mit der Tagespflege Einkünfte erzielt werden, die nach dem Einkommensteuergesetz der Besteuerung unterliegen.

Mit dieser Begründung kam das Sozialgericht Lüneburg daher im vorliegenden Fall zu dem Ergebnis, dass aufgrund der Tatsache, dass neben den Bezügen aus öffentlichen Kassen auch Zahlungen aus privater Hand erfolgen, und damit Teile der Vergütung einkommensteuerpflichtig waren, zwingend von einer Rentenversicherungspflicht auszugehen ist, da nach § 15 SGB IV Arbeitseinkommen der nach den allgemeinen Gewinnermittlungsvorschriften des

---

23. SG Lüneburg, U. v. S 14 RA 185/02

Einkommensteuerrechts ermittelte Gewinn aus einer selbstständigen Tätigkeit ist und dieses der Sozialversicherungspflicht unterliegt.

Das Sozialgericht Lüneburg ging daher von der Rentenversicherungspflicht der Tagespflegeperson aus und subsumierte diese Tätigkeit unter die Tätigkeit des Personenkreises nach § 2 Satz 1 Nr. 1 SGB VI, das heißt als Erzieher. Zudem stellte das Landgericht Lüneburg klar, dass es auf die Kenntnis der Tagespflegeperson von der Versicherungspflicht nicht ankomme und die Beiträge daher auch rückwirkend erhoben werden können.

Die Entscheidung des Sozialgerichtes Lüneburg steht daher in Einklang mit der Auffassung der BfA und der Verlautbarung des Bundesministeriums, jedoch im Gegensatz zur Entscheidung des Sozialgerichts Mannheim.

3. Urteil des Bundessozialgerichts aus 2005[24]

Das Bundessozialgericht hat im Hinblick auf die Frage der Rentenversicherungspflicht der Tagespflegeperson entschieden, dass diese grundsätzlich als Erzieher im Sinne des § 2 Nr. 1 SGB VI anzusehen sind. Hierbei hat das BSG ausgeführt, dass es nicht darauf ankommt, ob die Tagespflegeperson eine dem Berufsbild des Erziehers entsprechende Berufsausbildung genossen hat oder ob es überhaupt eine Berufsordnung mit entsprechenden Kriterien zu diesem Berufsbild gibt.

Maßgeblich ist nach der Auffassung des BSG lediglich, dass die Grundbedürfnisse des Kindes im Rahmen der Betreuung qualifiziert gedeckt sind, wozu das BSG die entsprechende Versorgung des Kindes mit Essen und Getränken sowie die Deckung der sonstigen Bedürfnisse des Spielens, der sonstigen körperlichen Bedürf-

---

24. BSG, U. v. 22.6.2005 – B 12 RA 12/04 R

nisse und Hygiene sowie der geistigen Fortentwicklung dient. Hiervon ist bei qualifizierten
Tagespflegepersonen auszugehen, sodass das
BSG grundsätzlich die Erziehereigenschaft der
Tagespflegeperson in diesem Fall bejaht und die
gesetzliche Rentenversicherungspflicht nach
dieser Vorschrift annimmt.

Ergebnis:

Im Hinblick darauf, dass die Rechtsprechung
uneinheitlich ist, kann daher keine zuverläs-
sige Aussage darüber getroffen werden, wie
diese Verfahren gehandhabt werden.

Im Hinblick darauf, dass die Bundesministerin die Auffassung der BfA stützt, ist daher
damit zu rechnen, dass bei entsprechenden
Statusanfragen die Auffassung der BfA weiter beibehalten und von einer Rentenversicherungspflicht in den vorliegenden Fällen
insbesondere dann ausgegangen werden wird,
wenn neben den Zahlungen aus öffentlichen
Kassen auch Zahlungen aus privater Hand
erfolgen.

Dem kann dann im Wege eines **Widerspruchs**
offiziell entgegengetreten werden, wobei der
Widerspruch im Hinblick auf die Entscheidung
des BSG aus dem Jahre 2005 nicht sehr erfolg-
versprechend sein dürfte. Im Ergebnis sollte daher von einer Rentenversicherungspflicht ausgegangen werden.

f)   **Konsequenzen der Rentenversicherungspflicht**

Zunächst ist allgemein darauf hinzuweisen, dass gemäß **§ 190 a SGB VI** eine konkrete **Meldepflicht** für
den Fall des Bestehens einer Rentenversicherungspflicht gegeben ist. Hiernach ist eine Meldung an die
Deutsche Rentenversicherung Bund binnen **drei Mo-**

naten nach Aufnahme der selbstständigen Tätigkeit erforderlich.

In den Fällen, in denen unklar ist, ob eine Sozialversicherungs- bzw. Rentenversicherungspflicht besteht, bietet sich an, das sogenannte **Statusfeststellungsverfahren** nach § 7 a SGB IV durchzuführen. Hiernach kann förmlich bei der sogenannten Clearingstelle eine Entscheidung über die Versicherungspflicht herbeigeführt werden im sogenannten Anfrageverfahren. Diese Statusfeststellung ist dann für die weitere Behandlung des Anfragenden, das heißt der Tagespflegeperson, verbindlich.

Sofern die Rentenversicherungspflicht für Selbstständige besteht, bestehen hinsichtlich der zu erhebenden Beiträge grundsätzlich drei Möglichkeiten:

Grundsätzlich geschuldet ist der **Regelbeitrag.**

Hier besteht nach der Auffassung des BSG ebenfalls eine Rentenversicherungspflicht in der gesetzlichen Rentenversicherung, da Tagespflegepersonen als Erzieher(innen) im Sinne des Rentenversicherungsrechts anzusehen sind.

Einzige Ausnahme sind die Fälle, in denen die Einnahmen nach Abzug der Betriebsausgabenpauschale monatlich nicht mehr als 400 € betragen. In diesen Fällen besteht keine Rentenversicherungspflicht.

Eine Befreiung von der Versicherungspflicht ist nicht möglich.

Der Regelbeitrag beträgt monatlich 494,52 € (2009).

Für Existenzgründer beträgt der monatliche Beitrag 247,26 €.

Darüber hinaus ist die Festsetzung eines einkommensabhängigen Beitrages möglich. Diese erfolgt jedoch nur auf Antrag. Die Festsetzung erfolgt dann in Höhe von 19,9 % der nachgewiesenen Einnahmen, **mindestens** jedoch immer in

Höhe von **79,80 €** monatlich (sogenannter Mindestbeitrag).

Die Hälfte des Beitrages ist nach § 23 Abs. 2 Nr. 3 SGB VIII durch den Träger der öffentlichen Jugendhilfe zu erstatten.

An dieser Stelle taucht in der Praxis die Frage auf, ob eine Begrenzung des Erstattungsbetrages auf die Hälfte des Mindestbeitrages möglich ist. Hierfür ist eine gesetzliche Grundlage in § 23 SGB VIII expressis verbis nicht ersichtlich. Der Wortlaut sieht lediglich vor, dass die Beiträge zu einer angemessenen Alterssicherung zu erstatten sind. Es kann wohl kein Zweifel daran bestehen, dass die Beiträge zur gesetzlichen Rentenversicherung als angemessen anzusehen sind. Dann muss konsequenterweise aber auch eine Erstattung der Hälfte des tatsächlich an die Rentenversicherung zu entrichtenden Beitrages erfolgen. Dies auch dann, wenn der Beitrag über dem Mindestbeitrag liegt, was in den meisten Fällen wohl der Fall sein wird, da der Mindestbeitrag nur geschuldet ist, soweit die Einnahmen monatlich 401,00 € betragen. Höhere Einnahmen führen zu höheren Beiträgen und damit auch zu höheren Erstattungsansprüchen gegen den Träger der Jugendhilfe.

Diese Problematik kommt auch in den Fällen zum Tragen, in welchen laufende Geldleistung nach § 23 SGB VIII gezahlt wird und zudem Zuzahlungen durch die Eltern erfolgen.

In diesem Fall wird ein Beitrag von 19,9 % geschuldet, bezogen auf die gesamten monatlichen Einnahmen, also den Betrag, den die Tagespflegeperson nach § 23 SGB VIII vom Jugendamt erhält plus den Betrag, der durch die Sorgeberechtigten gezahlt wird.

Da der Erhalt der laufenden Geldleistung nach § 23 SGB VIII nur daran geknüpft ist, dass die Voraussetzungen hierfür erfüllt sind, also insbesondere eine qualifizierte Tagespflegeperson durch den Träger der Jugendhilfe vermittelt wurde, besteht in diesen Fällen ein Anspruch der Tagespflegeperson auf Erstattung des hälftigen tatsächlich zu entrichtenden Beitrages zur Rentenversicherung. Die Erstattung des hälftigen Betrages lediglich bezogen auf die Leistung, die der Träger der Jugendhilfe nach § 23 SGB VIII erbringt, kommt hingegen nicht in Betracht, denn eine Rechtsgrundlage für eine derartige Beschränkung ist dem Gesetzestext nicht zu entnehmen und würde im Übrigen auch zu einer Schlechterstellung führen im Vergleich zu den Tagespflegepersonen, die keine Zuzahlungen durch die Sorgeberechtigten erhalten. Dies wäre im Ergebnis bedenklich unter dem Gesichtspunkt des Gleichbehandlungsgrundsatzes nach Art. 3 GG. Etwas anderes ergibt sich auch nicht aus der Neuregelung in § 23 Abs. 2 a SGB VIII, wonach der Träger der öffentlichen Jugendhilfe die Höhe der laufenden Geldleistung festlegt. Eine Interpretation dieser Vorschrift dahin gehend, dass hierdurch eine Festlegung auch hinsichtlich der zu erstattenden Sozialversicherungsbeiträge möglich ist, widerspricht der Intention der Neuregelung im Hinblick auf die soziale Absicherung der Tagespflegepersonen und wäre im Übrigen auch nicht zielführend hinsichtlich der Gewinnung von längerfristig tätigen Tagespflegepersonen. Vielmehr haben die Neuregelungen die Schaffung einer sozialen Absicherung der Tagespflegepersonen im Blick mit der Zukunftsperspektive der Schaffung und Etablierung eines neuen Berufsbildes. Abs. 2 a ist daher vielmehr so zu lesen, dass die Befugnis der Festlegung der Höhe der laufenden Geldleistung sich ausschließlich auf den Förderbeitrag bezieht. Hierfür spricht auch der weitere Gesetzeswortlaut, wonach für die Festsetzung der zeitliche Umfang der Leistung, die Anzahl der zu betreuenden Kinder und der Förderbedarf der Kinder zugrunde zu legen sind.

Zur Verdeutlichung folgende Beispiele:

Beispiel 1: *A betreut ein Kind und erhält hierfür monatlich vom zuständigen Jugendamt 480 € sowie weitere 400 € von den Eltern des betreuten Kindes.*

Lösung: Da die Einnahmen von A nach Abzug der Betriebsausgabenpauschale (300,00 €) über 400,00 € liegen, ist sie gesetzlich rentenversicherungspflichtig, auch wenn sie selbstständig tätig ist. Der Rentenversicherungsbeitrag beträgt 19,9 %, damit also 175,12 €. Nach § 23 Abs. 2 SGB VII hat A einen Anspruch auf Erstattung des hälftigen Beitrages durch den Träger der Jugendhilfe, also in Höhe von 87,56 € und nicht nur einen Anspruch bezogen auf den Beitrag, der für die laufende Geldleistung anfallen würde in Höhe von 19,9 % von 480,00 € (95,52 €), also in Höhe von 47,76 €. Dies wäre ansonsten ein erheblicher Nachteil für die Tagespflegeperson. Die zweite Hälfte des Beitrages muss A selbst zahlen.

Beispiel 2: *A betreut das Kind im Haushalt der Eltern. Im Übrigen ist der Sachverhalt unverändert.*

In diesem Fall hat A ebenfalls einen Anspruch auf Erstattung des hälftigen Beitrages in Höhe von 87,56 durch das Jugendamt. Die Eltern des betreuten Kindes zahlen nun im Rahmen des sogenannten Haushaltsscheckverfahrens pauschal Sozialabgaben in Höhe von 14,27 %, allerdings nur bezogen auf den Betrag, den die Eltern an A zahlen, mithin 14,27 % auf 400,00 €. Darin enthalten ist ein Anteil von 5 % für die Rentenversicherung. Mithin werden von den Eltern an Rentenversicherungsbeiträgen für A 20,00 € abgeführt. Der dann noch verbleibende Rest bis zum Gesamtbeitrag in Höhe von 67,56 € ist von A selbst zu entrichten.

> ***Beispiel 3:*** *A erhält nur die Zahlungen vom Jugendamt, betreut aber im Haushalt der Sorgeberechtigten.*
>
> *Lösung: Dadurch, dass der Ort der Leistungserbringung der Haushalt der Eltern ist, ist diese Tätigkeit von A als abhängiges Beschäftigungsverhältnis zu qualifizieren. Da die Eltern jedoch kein Entgelt zahlen, müssen sie auch keine Sozialversicherungsbeiträge abführen, da diese immer nur bezogen sind auf das vom Arbeitgeber gezahlte Entgelt und hier ja keine Zahlung durch den Arbeitgeber (Eltern) erfolgt. In der Konsequenz zahlt daher auch in diesem Fall das Jugendamt die Hälfte des anfallenden Beitrages und A die andere Hälfte. Eine Versicherungspflicht ist hier gegeben, da es sich um ein abhängiges Beschäftigungsverhältnis handelt und dieses nicht etwa dadurch, dass nur Zahlungen seitens des Jugendamtes erfolgen zu einer selbstständigen Tätigkeit wird. Obwohl die Eltern keine Sozialversicherungsbeiträge zu entrichten haben, empfiehlt sich jedoch auch in diesem Falle eine Anmeldung der geringfügigen Beschäftigung zur Herbeiführung des Unfallversicherungsschutzes.*

Letztlich sind auch Kombinationen denkbar, da eine Tagespflegeperson sowohl selbstständig tätig als auch zeitgleich abhängig beschäftigt sein kann, nämlich dann, wenn sie einerseits Kinder in ihrem eigenen Haushalt und andererseits Kinder im Haushalt der Sorgeberechtigten betreut. Dann ist zwischen diesen einzelnen Betreuungsverhältnissen zu differenzieren.

Betreut die Tagespflegeperson auch Kinder, die nicht durch das Jugendamt vermittelt wurden, sodass insoweit auch kein Anspruch auf laufende Geldleistung nach § 23 SGB VIII gegeben ist, kommt ein Erstattungsanspruch hinsichtlich des hälftigen Rentenversicherungsbeitrages der durch diese Einnahmen ausgelöst wird nicht in Betracht, denn die Leistung ist an den Bezug einer laufenden Geldleistung nach § 23 geknüpft.

In der Praxis dürfte dies insbesondere für den Rentenversicherungsträger, wie auch für die Tagespflegeperson, zu einem erheblichen Berechnungsaufwand führen. Eine Vereinfachungsregelung wäre hier durchaus wünschenswert, insbesondere auch im Hinblick auf die etwaigen monatlich veränderten Umstände und hiermit einhergehende Erfordernisse einer ständigen Beitragsanpassung und Meldung. Hier sind Erleichterungen für die Tagespflegepersonen wünschenswert.

g) **Rechtslage bis 31.12.2008 bei Einnahmen *nur* aus öffentlichen Mitteln**

Die Rechtslage bis 31.12.2008 sah vor, dass Tagespflegepersonen, die ihre Einnahmen nur aus öffentlich geförderter Kindertagespflege erhalten, nicht gesetzlich rentenversicherungspflichtig waren. Hier konnte eine private Altersvorsorge abgeschlossen werden. Die **Hälfte** der **nachgewiesenen** Aufwendungen zu einer **angemessenen** Alterssicherung konnte dann vom Jugendamt auf Antrag erstattet werden (§ 23 Abs. 2 Nr. 3). Ausgehend vom Mindestbeitragssatz werden hier monatlich 79,80 € als angemessenen angesehen, sodass hiervon 50 % = 39,90 € erstattungsfähig sind. Diese Regelung trifft ab 2009 nur noch die Fälle mit monatlichen Einnahmen bis maximal 400,00 €, da diese nicht rentenversicherungspflichtig sind.

2.   Kranken- und Pflegeversicherung

Die Versicherungspflicht hier ist abhängig vom arbeitsrechtlichen Status. Arbeitnehmer sind grundsätzlich gesetzlich krankenversicherungspflichtig, selbstständig Tätige hingegen nicht und sind daher privat krankenzuversichern.

Sowohl für abhängig Beschäftigte als auch für selbstständige Tagespflegepersonen ist grundsätzlich die Aufnahme in eine Familienversicherung möglich, sofern der Ehegatte Mitglied einer gesetzlichen Krankenkasse ist und das Haupteinkommen der Familie bestreitet. Dann besteht beitragsfreie Familienversicherung. Hier darf von der Tagespflegeperson dann ein Betrag hinzuverdient werden, der sich für angestellte Tagespflegepersonen auf monatlich 400,00 € und für selbstständig tätige auf monatlich 360,00 € beläuft. Verdient die Tagespflegeperson mehr, ist sie selbst versicherungspflichtig.

- **Die Rechtslage bis 31.12.2008**

Bis Ende 2008 war vorgesehen, dass diejenigen, die nicht familienversichert bleiben konnten, gestaffelte Beiträge zu entrichten hatten, die sich nach der Höhe des Einkommens richteten und wie folgt berechnet wurden:

Ein Einkommen bis 828 € monatlich führte zu einem Beitrag von 130 € monatlich.

Lag das Einkommen hierüber, wurde ausgehend von einer Bemessungsgrundlage von 1 863,75 € ein Beitrag in Höhe von 273,97 € monatlich erhoben.

Darüber hinaus bestand die Möglichkeit, eine Festsetzung des Mindestbeitrages zu beantragen, wofür eine Bemessungsgrundlage von 1 242,50 € zugrunde gelegt wurde und so ein Beitrag von 182,65 € monatlich zu entrichten war.

- **Rechtslage ab 2009 nach der Neuregelung des KiföG**

Da dies jedoch für viele Tagespflegepersonen fast unerschwinglich war, wurde im Zuge der Neuregelung durch das KiföG eine Sonderabsprache mit den gesetzlichen Krankenkassen getroffen. Hiernach gilt nun zeitlich befristet zunächst bis zum 31.12.2013 jede Tagespflegetätigkeit als **nebenberuflich selbstständige Tätigkeit** mit der Konsequenz, dass immer nur der Mindestbeitrag in Höhe von derzeit

130,00 € monatlich zu entrichten ist. Der hälftige Beitrag ist vom Träger der Jugendhilfe an die Tagespflegeperson zu erstatten, sodass sich effektiv eine Kostenbelastung für die Krankenversicherung von monatlich 65 € ergibt – eine Größe, die für die Tagespflegepersonen tragbar ist. Dies bedeutet, dass ab 2009 eine Staffelung entsprechend dem Einkommen, wie unter a) dargelegt, nicht mehr durchzuführen ist. Die Umsetzung erfolgte insoweit seitens des KiföG durch eine Änderung des § 10 Absatz 1 SGB V.

Die Sonderabsprache ist in der Niederschrift der Besprechung des Arbeitskreises Versicherung und Beiträge der Spitzenverbände niedergeschrieben.[25] Aus der Praxis mehren sich allerdings Berichte, dass die Krankenkassen leider noch nicht alle hiervon Kenntnis genommen haben bzw. diese Regelung nicht umsetzen, sodass hier aktuell noch Informationsbedarf bzw. Klärungsbedarf besteht.

3. Arbeitslosenversicherung

Auch die Frage, ob in die Arbeitslosenversicherung einzuzahlen ist, richtet sich nach dem Arbeitnehmerstatus. Arbeitnehmer haben Anspruch auf Einzahlung in die Arbeitslosenversicherung (2,8 %).

Für selbstständig Tätige ist keine Arbeitslosenversicherung gegeben, sodass hier auch kein Arbeitslosengeld beantragt werden kann in der Zeit, in der die Tagespflegeplätze nicht belegt sind.

Praxishinweis: Allein durch eine freiwillige Einzahlung in die Arbeitslosenversicherung kann ein Anspruch auf Arbeitslosengeld nicht erworben werden, denn Voraussetzung hierfür ist nach dem Gesetzeswortlaut nicht eine Beitragszahlung, sondern das **Bestehen eines versicherungspflichtigen Beschäftigungsverhältnisses**, welches bei selbstständiger Tätigkeit eben gerade nicht vorliegt. Die freiwillige Einzahlung ist nur in dem gesetzlich geregelten Ausnahmefall einer

---

25. Niederschrift über die Besprechung des Arbeitskreises Versicherung und Beiträge der Spitzenverbände der Krankenkassen vom 24.10.2008 – Az. 376.23/391.40/440, hier TOP 3, S. 11 ff.

unmittelbar der selbstständigen Tätigkeit vorangehenden
abhängigen Beschäftigung anspruchsbegründend.

4. Berufsunfähigkeits- und/ Erwerbsunfähigkeitsversicherung

Die Versicherung gegen eine Berufs- und Erwerbsunfähig-
keit ist freiwillig. Beim Abschluss einer solchen Versicherung
empfiehlt es sich, darauf zu achten, dass expressis verbis
auch der Ausfall der Tagespflegetätigkeit als Schadensfall
anerkannt ist.

Dies kann problematisch sein bei einigen Versicherungen
im Hinblick darauf, dass die Tätigkeit als Tagespflegeperson
bisher nach den Versicherungsbedingungen einiger Versi-
cherer noch kein anerkannter Beruf ist. Hier mag es sinnvoll
sein, sich nicht für eine Berufsunfähigkeit, sondern für eine
Erwerbsunfähigkeitsversicherung zu entscheiden, falls die
Versicherungsbedingungen etwas anderes nicht hergeben,
um dieses Problem zu umgehen oder aber die Tätigkeit als
Tagespflegeperson ausdrücklich vertraglich aufzunehmen.

5. Haftpflichtversicherung

Eine Haftpflichtversicherung bietet sich im Hinblick auf
das hohe Schadensrisiko wie vorgenannt dringend an. Diese Kosten sind nicht erstattungsfähig. Einige Jugendämter
haben jedoch sogenannte Sammelhaftpflichtversicherungen
abgeschlossen, die möglicherweise weitere Leistungen über-
nehmen. Versichert werden sollten hier nicht nur Sachschäden, sondern auch Vermögensschäden und immaterielle
Schäden. Diese sind in den Sammelhaftpflichtversicherungen jedoch in der Regel nicht enthalten und daher gesondert abzusichern.

6. Unfallversicherung

Für Tagespflegepersonen, die im Haushalt der Eltern die
Kinder betreuen, müssen die Eltern aufgrund gesetzlicher
Verpflichtung eine Betriebsunfallversicherung bei der zu-

ständigen Landesunfallkasse abschließen. Selbst ein Versäumnis der Eltern diesbezüglich führt nicht zum Schaden der Tagespflegeperson, da etwaige Unfallschäden dennoch hier gemeldet werden können und die Versicherung alles Weitere erledigt.

Selbstständig tätige Tagespflegeperson sind in der gesetzlichen Unfallversicherung pflichtversichert gemäß § 2 Abs. 1 Nr. 9 SGB VII. Zuständig hierfür ist die Berufsgenossenschaft für Gesundheitsdienst und Wohlfahrtspflege. Diese gesetzliche Versicherung geht einer privaten Versicherung vor.

Darüber hinaus ist seit dem 1.10.2005 eine Sonderregelung zum Unfallversicherungsschutz für Kinder in der Tagespflege geschaffen worden (§ 2 Nr. 8 a SGB VII). Bis zu diesem Zeitpunkt war der Versicherungsschutz beschränkt auf Kinder in Krippen, Kindergärten und Horten. Bedingt durch die Gleichstellung der Tagespflege mit der institutionellen Betreuung war jedoch eine Ausweitung des Unfallversicherungsschutzes zwingend. Dieser Versicherungsschutz ist kostenlos und besteht kraft Gesetz mit dem Besuch einer Tagespflegestelle. Voraussetzung ist jedoch die Betreuung des Kindes durch eine geeignete Tagespflegeperson.

Eine besondere Anmeldung bei den Landesunfallkassen durch die Eltern ist daher nicht erforderlich. Im Falle eines Unfalls besteht ein Anspruch auf das gesamte Leistungsspektrum der gesetzlichen Unfallversicherung, das heißt Heilbehandlung, Rehabilitation, sogar Rentenleistungen bei dauerhaften Gesundheitsschäden. Voraussetzung für diesen Versicherungsschutz ist allerdings, dass die **Tagesmutter beim Träger der örtlichen Jugendhilfe registriert ist**. Hierdurch werden die Mindestanforderungen an Eignung, Sachkompetenz und Tauglichkeit sichergestellt.

Zudem soll gemäß § 23 Abs. 2 Ziffer 3 SGB VIII die laufende Geldleistung bei Förderung der Tagespflege auch die Erstattung nachgewiesener Aufwendungen für Beiträge zu einer Unfallversicherung der Tagespflegeperson beinhalten. Insoweit kann daher auch Kostenersatz für eine private Unfallversicherung nach dem Gesetz erreicht werden.

VII.   Die Einnahmen der Tagespflegeperson

1.   Geldleistung aus öffentlichen Mitteln

Nach der Vermittlung durch das Jugendamt erhält die Tagespflegeperson eine Geldleistung aus öffentlichen Mitteln, die sich wie folgt zusammensetzt:

–   Sachaufwendungen für das Kind für Verpflegung, Verbrauchskosten (Miete, Wasser, Strom), Spielzeug sowie etwaige Fahrtkosten,

–   Förderungsleistung für die Erziehungsaufwendungen der Tagespflegeperson,

–   Sozialleistungen für eine etwaig nachgewiesene Unfallversicherung der Tagespflegeperson,

–   die Hälfte des Beitrages für eine angemessene und nachgewiesene Alterssicherung der Tagespflegeperson,

–   die Hälfte des Beitrages für die Kranken- und Pflegeversicherung.

Praxishinweis:

Durch die gesetzliche Neuregelung mit dem KiföG zum 1.1.2009 wurde klarstellend in § 23 Absatz 1 SGB VII eingefügt, dass die laufende Geldleistung an die Tagespflegeperson zu zahlen ist. Dies zeigt deutlich die Zuordnung zu den einzelnen Rechtsbeziehungen im Rahmen des sozialrechtlichen Dreiecks. Der Anspruch auf die laufende Geldleistung ist ein Anspruch, den die Tagespflegeperson gegen den Träger der Jugendhilfe hat. Eine Zahlung an die Sorgeberechtigten des Kindes kommt daher nicht in Betracht. Hier mangelt es an einer Rechtsgrundlage, sodass eine Zahlung an die Eltern daher auch nicht schuldbefreiend für den Träger der Jugendhilfe wirkt!

Die Gesamthöhe dieser Leistung wird vom Träger der öffentlichen Jugendhilfe festgelegt oder durch Landesrecht geregelt.

Diese Regelung mag sicherlich einige Anhaltspunkte für Diskussionen insbesondere im Hinblick auf die Höhe der zu erstattenden Aufwendungen bieten. Im Einzelnen:

a) **Sachaufwendungen nach § 23 Abs. 2 Nr. 1 SGB VIII**

Das Gesetz sieht die Erstattung **angemessener Kosten**, die der Tagespflegeperson für den Sachaufwand entstehen, vor. Zunächst ist hier festzustellen, dass es sich nicht um eine „Kann"vorschrift diesbezüglich handelt, sondern um eine „Soll"vorschrift, mit der Konsequenz, dass die Sachaufwendungen der Tagespflegeperson erstattet werden müssen, sofern diese angemessen sind.

Angemessen ist dem Grunde nach zunächst die Erstattung folgender Sachkosten:

Verpflegungskosten; Verbrauchskosten wie Wasser, Strom, Heizung und Müllgebühren; Ausgaben für Pflegematerialien und Hygienebedarf, für Ausstattungsgegenstände, Spielmaterialien und Freizeitgestaltung.

Die Frage, die sich hier stellt, ist, in welcher Höhe diese Kosten angemessen sind. Hierzu kann das jeweilige Jugendamt verwaltungsinterne Richtlinien festlegen, in welche Höhe die Einzelposten als angemessen und verhältnismäßig angesehen werden. Orientierungshilfe mag hier sicherlich der jeweilige Kostensatz für eine Kindertagesstätte sein. Zu berücksichtigen ist jedoch, dass Einzelfallentscheidungen hier zu treffen sind, die auch die besondere Situation des jeweils zu betreuenden Kindes berücksichtigen.

Die Höhe der laufenden Geldleistung wird grundsätzlich vom Träger der öffentlichen Jugendhilfe festgelegt, soweit das Landesrecht diesbezüglich keine Vorgaben macht. Verständlicherweise wird vom Träger der Jugendhilfe hier in der Praxis zu Vereinfachungszwecken wie auch unter dem Gesichtspunkt der Gewährleistung der Gleichbehandlung die Festlegung von pauschalen Sätzen angestrebt. Häufig erfolgt hier eine Verknüpfung von Förderleistung und Sachaufwand nach § 23 Abs. 2 Ziffer 1 und 2 SGB VIII dahin gehend, dass ein hierfür gezahlter Gesamtbetrag pauschal prozentual auf den Sachaufwand und die Förderleistung aufgeteilt wird. Eine Differenzierung ist hier jedoch sinnvoll. Hinsichtlich der Festlegung des Beitrages zur Anerkennung der Förderungsleistung ist nach der gesetzlichen Vorgabe die Festsetzung einer Pauschale unproblematisch im Hinblick darauf, dass das Gesetz die Zahlung eines angemessenen Beitrages vorsieht. Die Höhe dieses angemessenen Beitrages kann daher vom Jugendhilfeträger festgelegt werden – auch pauschal. Im Rahmen der Entscheidung, was angemessen ist, ist insbesondere zu berücksichtigen, dass die Novellierung des SGB VIII eine Qualifizierung der Tagespflege herbeigeführt hat.

Dies verdeutlicht auch die gesetzliche Neuregelung durch das KiföG nochmals. Neu eingefügt wurde hier Absatz 2 a in § 23 SGB VII, wonach der Träger der öffentlichen Jugendhilfe die Höhe der laufenden Geldleistung festlegt. Das Gesetz in der Fassung ab 1.1.2009 sagt nun ausdrücklich, dass hierbei eine Orientierung am zeitlichen Umfang der Leistung, der Anzahl sowie dem Förderbedarf der zu betreuenden Kinder zu erfolgen hat.

Eine Pauschalisierung des Sachaufwandsersatzes hingegen ist nach der gesetzlichen Formulierung wesentlich problematischer. Dies zeigt sich im kleinen, aber feinen Wortlautunterschied des Gesetzestextes. Das Gesetz sieht die Erstattung angemessener Kosten, die der Tagespflegeperson für den Sachaufwand entstehen vor. Hierbei handelt es sich, wie gesagt, nicht um eine „Kann"vorschrift, sondern um eine sogenannte „Soll"vorschrift mit der Konsequenz, dass der Sachaufwand, der von der Tagespflegeperson nachgewiesen wird, zu erstatten ist, sofern er angemessen ist. Dies zeigt, dass gesetzliche Intention eine Einzelfallprüfung ist. Entscheidungsspielraum hat der Jugendhilfeträger hier sicher hinsichtlich der Frage, ob die geltend gemachten Kosten als angemessen anzusehen sind. Ist die Angemessenheit zu bejahen, so ist der

Sachaufwand nach dem Gesetzeswortlaut zu erstatten und zwar grundsätzlich in der tatsächlich nachgewiesenen Höhe. Unter diesem Gesichtspunkt kann daher die Tagespflegeperson ihren Sachaufwandersatzanspruch gegen den Jugendhilfeträger auch dann geltend machen, wenn dieser die hier festgelegten Pauschalen übersteigt. Auch die Neuregelung des Absatz 2 a löst diese Problematik nicht, sie wirft vielmehr weitere Fragen auf, insbesondere die, ob mit „laufender Geldleistung" im Sinne der Vorschrift alle Zahlungen gemeint sind, die in § 23 genannt sind (hierfür spricht der Wortlaut des § 23 Abs. 2, 1. HS), oder vielmehr nur die Zahlung als Anerkennung für die erbrachte Förderleistung. Für die zweite Variante spricht einiges, insbesondere die strukturelle Vergleichbarkeit mit gängigen Vergütungssystemen, sei es Arbeitslohn oder auch Dienstvergütung. Gezahlt wird hier jeweils eine Grundvergütung für die Arbeits- bzw. Dienstleistung sowie ein echter Auslagen- und Spesenersatz. Ähnlich ist auch das Vergütungssystem in der Tagespflege zu sehen, was in der Konsequenz zu der Sichtweise führt, dass die Festsetzungsbefugnis des Absatz 2 a lediglich auf die Festsetzung des Förderbeitrages beschränkt und im Übrigen sowohl die Sozialversicherungsbeiträge als auch der Sachaufwand jeweils in der anfallenden Höhe zu ersetzen ist, soweit die Angemessenheit grundsätzlich zu bejahen ist.

Sicherlich ist unter dem Gesichtspunkt der Vereinfachung des Verwaltungsverfahrens und damit auch der Effektivität die Festlegung einer Pauschale für den Sachaufwand sinnvoll und nachvollziehbar. Fraglich ist jedoch, ob die Festlegung einer Pauschale zu einer Anspruchsbegrenzung bei tatsächlich höherem Sachaufwand zu führen vermag. Eine Rechtfertigung wäre hier allenfalls darüber denkbar, den Gesetzestext dahin gehend auszulegen, dass der Gesetzgeber mit der Neuregelung des § 23 Absatz 2 a SGB VII gerade die Festlegung der Höhe der gesamten laufenden Geldleistung in die Hand des jeweiligen Trägers der öffentlichen Jugendhilfe legen wollte und der Sachaufwandsersatz eben ein Teil der laufenden Geldleistung ist. Dies ist den Materialen zum Gesetzgebungsverfahren so nicht zu entnehmen, hierfür können jedoch durchaus Argumente gefunden werden. So stellt dies zunächst eine Gleichbehandlung aller Tagespflegepersonen sicher. Darüber hinaus bleibt der Verwaltungsaufwand im Rahmen, da ansonsten eine Einzelfallabrechnung erforderlich wäre, die die Verwaltung mit zusätzlichen Kosten belastet und zudem eine zeitnahe Bearbeitung und damit den zeitnahen Kostenersatz an die Tagespflegeperson problematisch machen könnte. Letztlich ist auch zu berücksichtigen, dass die Kosten für den Träger der Jugendhilfe kalkulierbar und auch tatsächlich finanzierbar bleiben müssen, was durch eine Pauschale erreicht werden kann.

Demgegenüber steht jedoch das berechtigte Interesse der Tagespflegeperson auf Ersatz der Kosten, die sie aufwenden muss, um ihrer Tätigkeit nachzukommen. Dies ist sicherlich ein Argument unter dem Gesichtspunkt der politischen Intention, die Tagespflege finanziell so attraktiv zu gestalten, dass dauerhaft mehr Tagespflegepersonen gewonnen werden können. Allerdings kann zumindest ein teilweiser Kostenersatz zusätzlich zu der Pauschale von der Tagespflegeperson noch durch eine Geltendmachung im Rahmen ihrer Steuererklärung erreicht werden. Zugegebennermaßen wird es hier nicht zu einer Vollerstattung kommen können, da die steuerliche Effektuierung abhängig vom jeweiligen persönlichen Steuersatz ist. Dies mag man jedoch durchaus als eine zumutbare Belastung empfinden mit Blick darauf, dass dies in anderen Berufsgruppen gleichfalls so ist, damit also alle Berufstätigen gleichermaßen trifft. Welcher Argumentation man sich nun auch immer zuwenden mag, in jedem Falle wäre aus Rechtssicherheitsgründen eine bundeseinheitliche Handhabung insoweit wünschenswert. Sofern noch Sachaufwand für das Jahr 2008 geltend gemacht wird, ist eine Rechtsgrundlage diesen der Höhe nach auf eine Pauschale zu beschränken ohne Öffnungsklausel für den Einzelfall nicht gegeben. Derartige Fälle sind auch in 2009 durchaus noch denkbar, da eine gesetzliche Frist für die Geltendmachung von Sachaufwandsersatz nicht besteht. Eine Geltendmachung muss daher mindestens einmal so lange möglich sein, wie auch die Geltendmachung im Rahmen einer Steuererklärung möglich ist, gegebenenfalls sogar bis an die Grenze der Verwirkung eines Anspruchs.

Einige Jugendhilfeträger haben dieses Problem bereits erkannt und sehen daher entsprechende Öffnungsklauseln zur Einzelfallprüfung vor, sodass die Tagespflegepersonen höheren Sachaufwand nachweisen können und dieser dann auch erstattet werden kann. Dies ist ein im Hinblick auf Gesetzeskonformität sinnvolles Vorgehen.

b) **Anerkennung der Förderleistung
    (§ 23 Abs. 2 Nr. 2 SGB VIII)**

Hier sieht das Gesetz die Erstattung eines angemessenen Beitrages zur Anerkennung der Förderungsleistung vor. Im Rahmen der Entscheidung, was angemessen ist, ist insbesondere zu berücksichtigen, dass mit der Novellierung des SGB VIII eine Qualifizierung der Kindertagespflege eingetreten ist. Neben dem zeitlichen Umfang der Betreuung und dem Alter des Kindes ist daher auch die Qualifikation der Tagespflegeperson als Grundlage der Berechnung heranzuziehen. Da es das Ziel ist, zunehmend mehr qualifiziertes Tagespflegepersonal zu gewinnen, sollte ein entsprechender Anreiz bei der Festlegung der Höhe des Anerkennungsbeitrages gesetzt werden. Angestrebt ist hier ein längerfristiges Engagement der Tagespflegeperson, das heißt ein stabiles und kontinuierliches Betreuungsverhältnis, welches auch im Interesse des zu betreuenden Kindes steht. Aktuell variieren die Förderungsleistungen regional sehr stark. Nach Ansicht des Deutschen Vereins für öffentliche und private Fürsorge sollte hier eine Angleichung der zu zahlenden Beträge stattfinden.

Auch die Bundesregierung ist wohl der Auffassung, dass der hier gezahlte Betrag in vielen Fällen nicht ausreicht, um ein qualifiziert arbeitendes, stabiles Kindertagespflegesystem aufzubauen, da dieses eine angemessene finanzielle Anerkennung der Förderungsleistung benötigt. Um das angestrebte Ziel einer wachsenden Anzahl qualifizierter Tagespflegepersonen zu erreichen, wird daher auch der Weg einer sukzessiven Erhöhung der Vergütungssätze beschritten werden müssen.

c)   **Erstattung nachgewiesener Aufwendungen für Beiträge zu einer Unfallversicherung (§ 23 Abs. 2 Nr. 3 SGB VIII)**

Nach dem Gesetz sind **nachgewiesene** Aufwendungen für Beiträge zu einer Unfallversicherung vorgesehen. Wichtig ist, dass die Kosten für die Versicherung nachzuweisen sind. Hinsichtlich der Unfallversicherung ist die Angemessenheit nicht ausdrücklich vorgesehen, sodass grundsätzlich jede Unfallversicherung, die nachgewiesen wird, erstattungsfähig wäre. Da jedoch bei den zu erstattenden Beiträgen insgesamt immer die Angemessenheit geprüft werden soll, kann wohl analog der sonstigen Vorschriften davon ausgegangen werden, dass die Angemessenheitsklausel auch für die Aufwendungen zur Unfallversicherung gelten soll. Stellt man sich hier die Frage, was angemessen sein kann, so muss dies wohl mindestens der Beitrag sein, wie er zur gesetzlichen Unfallversicherung als angemessen gilt. Dieser beträgt im Mindestbeitrag derzeit jährlich **79,00 €**.

d)   **Ersatz der Beiträge zur Rentenversicherung/ Alterssicherung (§ 23 Abs. 2 Nr. 3 SGB VIII)**

Hinsichtlich der Beiträge für eine Alterssicherung der Tagespflegeperson ist die Angemessenheit ausdrücklich vorgesehen. Auch diese Beiträge sind nachzuweisen.

Das Kriterium der Angemessenheit der Erstattung bezieht sich in diesem Fall auf die Art der Alterssicherung insbesondere hinsichtlich der die Alterssicherung garantierenden Institution wie auch auf die Höhe der zu erwartenden Leistung. Die Tagespflegeperson ist hierbei nicht auf eine freiwillige Versicherung in der gesetzlichen Rentenversicherung festgelegt, sondern kann stattdessen auch eine private Lebensversicherung oder eine Riesterrente etc. abschließen.

Die Höhe der Aufwendungen zur Alterssicherung muss ebenfalls angemessen sein. Als angemessen gelten Aufwendungen, wenn sie den Aufwand widerspiegeln, den die jeweilige Tagespflegeperson hat, wenn sie mit dem allgemeinen System der Rentenversicherung kompatibel sind und wenn eine Vergleichbarkeit mit Tagespflegepersonen gegeben ist, die auf privater Basis tätig und deshalb rentenversichert sind. Zudem muss die Angemessenheit vom Jugendamt oder einer von ihm beauftragten Stelle ohne größeren Verwaltungsaufwand berechnet werden können. Als Orientierungshilfe für die Höhe des zu erstattenden Betrages kann die Alterssicherung einer selbstständig tätigen Tagespflegeperson bei privat finanzierter Kindertagespflege dienen, die bei einem über 400,00 € liegenden Monatseinkommen gemäß § 2 Nr. 2 SGB VI rentenversicherungspflichtig ist. Der hier zurzeit geltende Mindestbeitrag zur gesetzlichen Alterssicherung beträgt 19,9 %, das entspricht **79,60 €**. Demzufolge wäre eine monatliche Erstattungshöhe durch das Jugendamt von **39,80 €** (= 50 %) angemessen.

Dieser Betrag sollte allerdings nur für den **Standardfall** gelten, das heißt für eine Tagespflegeperson, die eine Geldleistung im oben genannten Sinne in einer bestimmten Höhe erhält. Für Tagespflegepersonen, die geringere oder höhere Geldleistungen erhalten, sollte dieser Betrag geringer oder höher angepasst werden. Auch hier, wie gesagt, ist grundsätzlich eine Einzelfallprüfung erforderlich (siehe Beispielfälle oben).

e) **Der Ersatz der Kranken- und Pflegeversicherungs-kosten (§ 23 Abs. 2 Nr. 4 SGB VIII)**

Das KiföG hat auch eine Änderung der Regelung zur Krankenversicherung mit sich gebracht. Seit 1.1.2009 sind nach § 23 Abs. 2 Nr. 4 nun auch die Beiträge zur Kranken- und Pflegeversicherung zur Hälfte durch den Träger der öffentlichen Jugendhilfe zu erstatten. Nach einer Sonderabsprache mit den Spitzenverbänden der Krankenkassen werden nun alle Tagespflegepersonen als nebenberuflich Selbstständige betrachtet. In der Konsequenz führt dies dazu, dass immer nur der Mindestbeitrag zur gesetzlichen Krankenversicherung und Pflegeversicherung zu entrichten ist in Höhe von derzeit 130,00 €. Eine Staffelung der Beiträge nach der Höhe der Einnahmen erfolgt damit nicht mehr. Diese Regelung gilt zunächst zeitlich befristet bis zum 31.12.2013. Wie die Beiträge sich hiernach entwickeln, ist offen.

f) **Kostenbeteiligung der Erziehungsberechtigten**

Die gesetzlichen Änderungen haben auch zu einem Wandel im Bereich der Kostenbeteiligung der Erziehungsberechtigten des zu betreuenden Kindes geführt. Die bisherige Praxis des sogenannten Zuschusssystems nach § 91 SGB VIII ist nunmehr obsolet geworden. Die **Kostenbeteiligung** der Erziehungsberechtigten ist nunmehr **pauschaliert und nach § 90 SGB VIII** vorzunehmen. Die Begründung ist, dass die Kindertagespflege mit den institutionellen Kindertageseinrichtungen gleichgestellt werden soll, sodass deshalb auch die Kostenbeteiligung der Eltern analog der Kostenbeteiligung für die Betreuung in Kindertageseinrichtungen geregelt wird. Dies ist in § 90 Abs. 1 Satz 1 Nr. 3 SGB VIII für die Kindertagespflege so vorgesehen. Die Erhebung der Kostenbeiträge von den Eltern kann nach § 90 Abs. 1 Satz 2 SGB VIII durch Landesrecht gestaffelt werden. Sofern Landesregelungen noch nicht zur Verfügung stehen, setzen die Jugendämter eigene Staffelungen der Teilnahmebeiträge fest.

Kriterien für die Staffelung sind hier das Einkommen der Eltern, wie auch die Stundenzahl, die das Kind betreut wird. Aufgrund der Änderung dahin gehend, dass eine individuelle Heranziehung zu den Kosten bei den Eltern nicht mehr stattfindet, dürfte die Tagespflege auch für viele besser verdienende Eltern nunmehr ein interessanter Aspekt sein.

Die Neuregelung des KiföG macht nochmals deutlich, dass die Eltern nur noch zu Kostenbeiträgen herangezogen werden können, Teilnahmebeiträge hingegen werden abgeschafft. Die Kostenbeiträge sind grundsätzlich zu staffeln, wobei für die Staffelung die Kriterien Einkommen, Anzahl der Kinder und tägliche Betreuungszeit heranzuziehen sind. Im Übrigen bleibt die betragsmäßige Staffelung den jeweiligen Kommunen überlassen.

Nach der Neufassung der §§ 92 und 93 findet eine Heranziehung der Kinder und Jugendlichen selbst nicht mehr statt. Auch Schadenersatzzahlungen für Schäden, die keine Vermögensschäden sind, bleiben bei der Ermittlung der Bemessungsgrundlage für die Heranziehung zum Kostenbeitrag außer Acht. Nach § 97 a SGB VIII n. F. sind diejenigen, die zu Kostenbeiträgen heranzuziehen sind, zur Auskunft gegenüber dem örtlichen Träger der Jugendhilfe verpflichtet.

2. Private Vergütung durch die Eltern

Die Höhe der privaten Vergütung, die von den Eltern gezahlt wird, richtet sich nach Angebot und Nachfrage und wird in der Regel als Stundensatz gezahlt.

Dieser liegt normalerweise zwischen 3,00 € und 7,00 €. Die Empfehlung des Bundesverbands für Kinderbetreuung in Tagespflege e. V. geht dahin, eine Stundenvergütung von 5,50 € zu vereinbaren, worin alle Kosten enthalten sein sollen, auch die Kosten für die Ernährung des Tageskindes sowie die Sozialversicherungsbeiträge für die Tagespflegeperson.

VIII. Anrechnung der Einnahmen aus der Kindestagespflege auf sonstige Leistungen aus öffentlichen Mitteln

1. Anrechnung auf Elterngeld

Gemäß § 15 Abs. 4 BEEG ist während der Elternzeit die Ausübung einer Tätigkeit zulässig, sofern diese nicht mehr als 30 Wochenstunden beträgt. Eine Ausnahme hierzu ist die Tagespflege. Sofern nicht mehr als 5 Kinder in Tagespflege durch die Tagespflegeperson betreut werden, die ihrerseits Elterngeld berechtigt ist, so darf dies erfolgen, selbst dann, wenn die Betreuungszeit hierbei 30 Stunden übersteigt.

Zu berücksichtigten ist, dass gemäß § 15 Abs. 4 BEEG die Teilzeitarbeit bei einem anderen Arbeitgeber oder die selbstständige Tätigkeit der Zustimmung des Arbeitgebers bedarf, die dieser innerhalb einer Frist von 4 Wochen aus dringenden betrieblichen Gründen auch schriftlich ablehnen darf.

Hinsichtlich der Anrechnung regelt § 3 BEEG, dass eine Anrechnung von Einnahmen während des Bezugs von Elterngeld nur erfolgt, soweit das Elterngeld 300,00 € übersteigt bzw. bei Mehrlingsgeburten 300,00 € je Kind übersteigt. Demzufolge wird also bei der Geburt eines Kindes mindestens 300,00 € Elterngeld immer zu zahlen sein. Auf alles, was darüber hinaus gezahlt wird, erfolgt eine Vollanrechnung der erzielten Einnahmen und dadurch Minderung des Elterngeldes.

2. Anrechnungen auf Arbeitslosengeld I (SGB III)

Im Rahmen des Bezuges von Arbeitslosengeld I dürfen monatlich 165,00 € netto hinzuverdient werden. § 141 SGB III regelt hierzu:

„Übt der Arbeitslose während einer Zeit, für die ihm Arbeitslosengeld zusteht, eine weniger als 15 Stunden wöchentlich umfassende Beschäftigung aus, ist das Arbeitsentgelt aus der Beschäftigung nach Abzug der Steuern, der Sozialversicherungsbeiträge und der Werbungskosten sowie eines Freibetrages in Höhe von 165,00 € anzurechnen."

Der Nebenverdienst ist der Agentur für Arbeit anzuzeigen. Eine Anrechnung erfolgt daher nur, wenn noch ein Resteinkommen nach Abzug des Freibetrages, der Steuern und Sozialversicherungsbeiträge sowie Werbungskosten vorhanden ist. Dies dürfte bei einer Arbeitszeit von weniger als 15 Stunden wöchentlich nicht besonders viel sein.

Entsprechendes gilt auch für selbstständig Tätige. Hier allerdings mit der Maßgabe, dass pauschal 30 % der Betriebseinnahmen als Betriebsausgaben angesetzt werden dürfen, es sei denn, der Arbeitslose weist höhere Betriebsausgaben nach.

Eine Neuregelung hat das Gesetz zur Fortentwicklung der Grundsicherung für Arbeitssuchende[26] gebracht. Die Neuregelungen dieses Gesetzes sind zum 1.1.2007 in Kraft getreten. Hiernach gilt **seit 1.1.2007** eine **gestaffelte Anrechnung** der von der Tagespflegeperson erzielten Einkünfte.

Angerechnet wird grundsätzlich nur der Erziehungsbeitrag, da die übrigen Leistungen tatsächlicher Aufwandsersatz sind. Von dem Erziehungsbeitrag wird gestaffelt wie folgt angerechnet:

1. für das 1. und 2. Pflegekind gezahlte Beträge gar nicht;

2. für das 3. Pflegekind gezahlte Beträge zu 75 %;

3. für das 4. und 5. Pflegekind gezahlte Beträge in voller Höhe.

Die Anrechnungsfrage stellt sich demzufolge hier nur bei Betreuung von mehr als zwei Kindern.

---

26. BGBl. I 2006, S. 1706 ff.

3.   Anrechnung auf Arbeitslosengeld II

Das Arbeitslosengeld II ist eine bedarfsorientierte und bedürftigkeitsabhängige Fürsorgeleistung. Aus diesem Grunde ist Einkommen aus Erwerbstätigkeit unter Berücksichtigung von Absetzbeträgen bzw. Freibeträgen daher auch auf das Arbeitslosengeld II anzurechnen. Hierfür gelten folgende Regelungen:

Berechnungsgrundlage für die Ermittlung des Freibetrages ist bei abhängig Beschäftigten/Arbeitnehmern das **Bruttoeinkommen** (Näheres regelt die Berechnungsverordnung zum Arbeitslosengeld II).

Bei Einkommen aus selbstständiger Tätigkeit ist monatliches Bruttoeinkommen $^1/_{12}$ des Betriebsgewinns im jeweiligen Kalenderjahr. Hierzu ist eine Gewinn- und Verlustrechnung vorzulegen. In der Regel wird vorläufig über die Höhe des zu berücksichtigenden Einkommens entschieden werden.

Sofern der Arbeitslosengeld-Beziehende zeitgleich mehrere Einkommen aus Erwerbstätigkeit hat, sind die jeweiligen monatlichen Bruttobeträge zur Ermittlung der Berechnungsgrundlage zusammenzuaddieren.

Im Rahmen eines Verwaltungsvereinfachungsverfahrens wurde sodann ein Grundfreibetrag in Höhe von 100,00 € festgelegt. Dieser ersetzt die bisherigen Absetzungsbeträge (Werbungskosten, Beiträge zur privaten Versicherung, Beiträge zur Riesterrente). Etwaige höhere Aufwendungen können gegebenenfalls bei Einkünften über 400,00 € berücksichtigt werden. Hier können dann höhere Absetzbeträge geltend gemacht werden.

Vom Restbetrag, der nach Abzug dieses pauschalen Grundfreibetrages verbleibt, werden dann zusätzlich weitere **prozentuale Freibeträge** wie folgt abgezogen:

a) bis zu einem Bruttoeinkommen von 800,00 € – 20 % des den Grundbetrag übersteigenden Einkommens,

b) bei Bruttoeinkommen über 800,00 € – 10 %.

Die **Obergrenze** für diese Freibeträge liegt für Tagespflegepersonen ohne Kinder bei einem Bruttoeinkommen von 1 200,00 € und für alle Bedarfsgemeinschaften (Familien) mit Kindern mit einem Bruttoeinkommen von 1 500,00 €.

Sofern die Tagespflegeperson aufgrund der Vermittlung durch das Jugendamt ihre Einkünfte nach § 23 SGB VIII erzielt, wird nur der Teil der Einkünfte, der als Entgelt für die Erziehungsarbeit gewährt wird, auf das Arbeitslosengeld II angerechnet, der eine halbe monatliche Regelleistung (§ 20 Abs. 2 SGB II: 345,00 €) übersteigt. Das heißt, es bleiben daher grundsätzlich **172,50 €** des Erziehungsbeitrages **anrechnungsfrei.**[27]

Daneben wird von dem diesen Betrag übersteigenden Einkommen ein weiterer Grundfreibetrag in Höhe von 100,00 € abgezogen sowie darüber hinaus vorgenannte weitere nach Bruttoeinkommensstufen prozentual gestaffelten Freibeträgen, die anrechnungsfrei bleiben.

Beispiel zur Anrechnung auf Arbeitslosengeld II

1.	Bruttoeinkommen	650,00 €/Monat
2.	Grundfreibetrag	./. 100,00 €
		550,00 €
3.	prozentualer Freibetrag (20 % von 550,00 €)	./. 110,00 €
	= anrechnender Betrag	440,00 €

Bei Zahlung nach § 23 SGB VIII:

1.	Bruttoeinkommen	650,00 €/Monat
2.	anrechnungsfreier Betrag	./. 172,50 €
		477,50 €
3.	Grundfreibetrag	./. 100,00 €
		377,50 €
4.	prozentualer Freibetrag (20 % von 377,50 €)	./. 75,50 €
	= anrechnender Betrag	302,00 €

---

27. Siehe § 1 der Verordnung zur Berechnung von Einkommen sowie zur Nichtberücksichtigung von Einkommen und Vermögen beim Arbeitslosengeld II.

IX.   Die Pflegeerlaubnis nach § 43 SGB VIII

Die gesetzlichen Änderungen im Jahre 2005 haben eine generelle Erlaubnispflicht für die Tagespflege mit sich gebracht. Gemäß § 43 SGB VIII benötigt jeder, der Kinder außerhalb ihrer Wohnung in anderen Räumen während des Tages mehr als 15 Stunden wöchentlich gegen Entgelt länger als drei Monate betreuen will, eine Erlaubnis. Die hierfür zu erteilende Erlaubnis berechtigt die Tagespflegeperson zur Betreuung von bis zu fünf fremden, gleichzeitig anwesenden Kindern und ist auf fünf Jahre befristet. Das KiföG hat hier eine wesentliche Neuregelung gebracht. Zunächst stellt die Neufassung des § 43 Absatz 1 klar, dass die Erlaubnis bereits ab dem ersten Kind benötigt wird. Absatz 2 (Fassung seit 1.1.2009) stellt klar, dass die Erlaubnis zu erteilen ist, wenn die Voraussetzungen erfüllt sind. In der Konsequenz besteht damit ein Anspruch auf Erteilung der Erlaubnis bei Erfüllung der Voraussetzungen insbesondere der erfolgreichen Qualifizierung und der persönlichen Eignung. Damit ist also besonderes Augenmerk bereits im Rahmen der Auswahl und Qualifizierung angebracht, was mit dem Ziel eines auch qualitativen Ausbaus in der Kindertagespflege einhergeht.

Die Neufassung von Absatz 3, wonach nun maßgeblich ist, wie viele Kinder gleichzeitig bei der Tagespflegeperson anwesend sind, zeigt deutlich, dass die Gesetzesfassung bis 31.12.2008 so auszulegen war, dass die Grenze von fünf Kindern eine absolute Grenze war.[28] Eine andere Auslegung findet keine Stütze im Gesetz und spiegelt allenfalls ein Bedürfnis aus der Praxis wider, dem allerdings auch in anderer Weise hätte begegnet werden können. Dies kann durchaus noch Relevanz im Rahmen der steuerlichen Veranlagung für das Jahr 2008 haben, soweit diese noch nicht durchgeführt worden sind, denn in diesen Fällen führt das Vorliegen von mehr als fünf Betreuungsverträgen dazu, dass die Tätigkeit als gewerbsmäßig anzusehen ist mit der Konsequenz einer vollen Steuerpflicht für alle Einnahmen, also auch die Zahlungen des Jugendamtes.

Zudem sieht die Neufassung des § 43 Absatz 3 vor, dass die Erlaubnis im Einzelfall auch für weniger als fünf Kinder erteilt werden kann. Dies war nach der Fassung des Gesetzes in der bis zum 31.12.2008 geltenden Form nicht vorgesehen, sodass bis Ende 2008 eine Erlaubnis auch immer zur Betreuung von fünf Kindern befugte.

---

28. Andere Ansicht: Mörsberger in Wiesner, a. a. O. § 43, Rz. 26.

Durch Landesrecht kann geregelt werden, dass die Erlaubnis auch zur Betreuung von mehr als fünf gleichzeitig anwesenden Kindern berechtigen kann, sofern die Tagespflegeperson über eine pädagogische Ausbildung verfügt.

Durch die gesetzliche Neuregelung des KiföG wurde damit eine lange diskutierte Streitfrage geklärt und klargestellt, das ab 2009 nicht mehr die Anzahl der Betreuungsverträge maßgeblich ist, sondern die Anzahl der gleichzeitig anwesenden Kinder. Dies ist ab 2009 auch insoweit unproblematisch, da die Problematik der Versteuerung der Einkünfte durch die gesetzliche Neuregelung gelöst wurde, indem nun alle Einkünfte zu versteuern sind. Somit besteht also auch kein Problem der ansonsten nicht möglichen Kontrolle hinsichtlich der die Steuerpflicht auslösenden Anzahl der anwesenden Kinder mehr, welches ansonsten Zweifel an der Verfassungsmäßigkeit der bis zum 31.12.2008 geltenden Regelung mit sich gebracht hätte. Unter diesem Gesichtspunkt wird jedoch dann auch offensichtlich, dass die Regelung des § 43 a. F. eben gerade nicht darauf abgestellt hat, wie viele Kinder gleichzeitig anwesend waren, denn dies wäre nicht überprüfbar gewesen. Eine Überprüfung wäre aber erforderlich gewesen im Hinblick darauf, dass bei mehr als fünf Kindern von einer gewerbsmäßigen Tätigkeit auszugehen war und damit volle Steuerpflicht auch bereits nach der 2008 geltenden Regelung bestand.

Im Ergebnis ist damit festzuhalten, dass bis Ende 2008 die Anzahl von fünf Kindern laut § 43 SGB VIII als eine absolute Grenze anzusehen ist, wohingegen ab 2009 nach der Neuregelung maßgeblich ist, wie viele Kinder gleichzeitig bei der Tagespflegeperson anwesend sind.

Die Neufassung des § 72 a SGB VIII legt fest, dass im Rahmen der Erteilung der Erlaubnis, wie auch während der Tätigkeit der Tagespflegeperson in regelmäßigen Abständen ein Führungszeugnis über die Tagespflegeperson einzuholen ist. Dies deshalb, weil der Träger der öffentlichen Jugendhilfe keine Personen beschäftigen oder vermitteln darf, die wegen einer der hier genannten Straftaten rechtskräftig verurteilt sind.

C) Steuerrechtliche Aspekte der Tagespflege

I. Allgemeine steuerrechtliche Grundlagen

Die im Rahmen der Tagespflege erlangten Einkünfte sind nur dann steuerpflichtig, wenn sie unter eine der sieben Einkunftsarten des Einkommensteuergesetzes subsumiert werden können. Das Einkommensteuergesetz kennt gemäß § 2 Abs. 1 Nr. 1 bis 7 EStG die folgenden Einkunftsarten:

1. Einkünfte aus Land- und Forstwirtschaft (§§ 13, 13 a EStG),

2. Einkünfte aus Gewerbebetrieb (§§ 15, 16 EStG),

3. Einkünfte aus selbstständiger Arbeit (§ 18 EStG),

4. Einkünfte aus nicht selbstständiger Arbeit (§ 19 EStG),

5. Einkünfte aus Kapitalvermögen (§ 20 EStG),

6. Einkünfte aus Vermietung und Verpachtung (§ 21 EStG),

7. sonstige Einkünfte (§§ 22, 23 EStG).

Die Einkünfte der Tagespflegepersonen können als **Einkünfte aus selbständiger Arbeit nach § 18 EStG** oder als **Einkünfte aus nicht selbstständiger Arbeit nach § 19 EStG** zu qualifizieren sein. Welche Einkunftsart verwirklicht ist, hängt davon ab, ob die Tagespflegeperson selbstständig tätig oder abhängig beschäftigt ist. Zur Feststellung, ob eine Arbeitnehmerstellung oder eine selbstständige Tätigkeit vorliegt, sind zunächst die Kriterien der Weisungsfreiheit, der Vorgabe der Arbeitszeit, der Tätigkeit für überwiegend nur einen Auftraggeber, der Regelung von Urlaubs- und Entgeltfortzahlungsansprüchen sowie insbesondere auch die Frage des Ortes der Ausübung der Tätigkeit maßgeblich.

Unter Anknüpfung an den Ort der Ausübung der Tätigkeit ist festzuhalten, dass die Tätigkeit **im Haushalt der Eltern** des Kindes in der Regel zur **Arbeitnehmerstellung** und damit zur Verwirklichung von Einkünften aus nicht selbstständiger Tätigkeit führt, wohingegen die Ausübung der Betreuung **im eigenen Haushalt der Tagespflegeperson** in der Regel zur Annahme einer **selbstständigen Tätigkeit** und hiermit einhergehend zur Annahme von Einkünften aus selbstständiger Tätigkeit gemäß § 18 EStG führt.

II. Qualifizierung der Einkünfte der Tagespflegeperson

1. Einkünfte aus nicht selbstständiger Tätigkeit

Bei Einkünften aus nicht selbstständiger Tätigkeit gemäß § 19 Abs. 1 Nr. 1 EStG schafft regelmäßig der sogenannte Anstellungsvertrag die rechtsgeschäftliche Grundlage. Das bezahlte Entgelt ist insoweit auch steuerrechtlich relevant. Die Besteuerung erfolgt im **Lohnsteuerverfahren**. Dies bedeutet, die angestellte Tagespflegeperson gibt ihre Lohnsteuerkarte an die Eltern. Diese ermitteln dann die Steuern nach der jeweiligen Steuerklasse und führen diese unter Einbehalt vom Lohn direkt an das zuständige Finanzamt ab. An die Tagespflegeperson wird nur der Nettobetrag ausgezahlt.

Sofern die Tagespflegeperson Ausgaben hat, beispielsweise für Fahrtkosten, können diese hier lediglich in Form von **Werbungskosten** geltend gemacht werden, wobei regelmäßig der sogenannte Werbungskostenpauschbetrag gemäß § 9 a Ziffer 1 EStG in Höhe von **920,00 €** zum Tragen kommt. Höhere Werbungskosten müssen detailliert und im Einzelnen nachgewiesen werden.

2. Einkünfte aus selbstständiger Tätigkeit nach § 18 EStG

Ist die Tagespflegeperson hingegen selbstständig tätig, so muss sie das steuerpflichtige Entgelt nach § 18 EStG der Einkommensteuer unterwerfen. Zur Feststellung des zu versteuernden Betrages ist gemäß § 4 Abs. 3 EStG dann eine sogenannte **Einnahmeüberschussrechnung** anzufertigen. Das heißt, die Betriebseinnahmen sind den Betriebsausgaben gegenüberzustellen und nur der Saldo ist zu versteuern. Betriebseinnahmen sind hierbei alle laufenden und einmaligen sowie außerordentlichen Einnahmen aus der betrieblichen Tätigkeit einschließlich der Hilfsgeschäfte und Nebentätigkeiten.

Betriebsausgaben sind demgegenüber sämtliche Aufwendungen, die durch den Betrieb oder die Tätigkeit veranlasst worden sind, das heißt solche, die im Zusammenhang mit der Tagespflegetätigkeit stehen. In Betracht kommen hier als Betriebsausgaben, zum Beispiel Aufwendungen, die für die Anschaffung von Einrichtungsgegenständen, wie Kindermöbel oder Wickeltisch, getätigt worden sind, Ausgaben für Windeln, Spielsachen, Verpflegung, Kinderbücher und Zeitschriften, die Werbung für die Tagespflegetätigkeit, anteilige Telefonkosten, Eintrittsgelder, Fahrtkosten, Versicherungsbeiträge, Beiträge zu Berufsverbänden und Vereinen und unter Umständen sogar anteilige Kosten für Miete und Nebenkosten, nämlich dann, wenn Räumlichkeiten nur zur Ausübung der Tätigkeit, das heißt zur Kinderbetreuung, genutzt werden (z. B. Spielzimmer).

Im Hinblick auf die Vielseitigkeit der hier möglichen Betriebsausgaben hat das Bundesministerium für Finanzen am 1.8.1988 aus Vereinfachungsgründen einen Erlass veröffentlicht, wonach ein **pauschaler Betriebsausgabenabzug** für selbstständig Tätige zugelassen ist.

Dieser pauschale Betriebsausgabenabzug dient der Vereinfachung, da ansonsten ein detaillierter Betriebsausgabennachweis erforderlich ist, und hat Relevanz für die steuerliche Veranlagung **bis 31.12.2008**. Hiernach können Betriebsausgaben je Kind und Monat wie folgt pauschal abgezogen werden:

a) bei Tagespflege 246,00 €,

b) bei Wochenpflege (5 Tage) 297,00 €,

c) bei Wochenpflege (6 Tage) 328,00 €,

d) bei Vollzeit-/Dauerpflege 384,00 €.

Entstehen der Pflegeperson hingegen keine oder nur unbedeutende Sachaufwendungen, zum Beispiel in Form der Verköstigung, so ist der Betrag des pauschalen Betriebsausgabenabzuges auf **77,00 €** pro Kind und Monat zu kürzen.

Das Bundesfinanzministerium hat klargestellt, dass jede steuerpflichtige Tagespflegeperson auf die Anwendung des Betriebsausgabenpauschalbetrages einen Anspruch hat. Die

Anwendung ist nicht nur auf die Fälle beschränkt, in denen die Pflegestelle von einem Jugendamt vermittelt worden ist. Der Pauschale liegt die Annahme zugrunde, dass mit dem Pflegegeld die Sachaufwendungen für das Kind abgegolten werden. Entstehen höhere Sachaufwendungen als die durch den Pauschalbetrag abzugeltenden Beträge, so können auch diese höheren Aufwendungen geltend gemacht werden. Diese sind dann allerdings **im Einzelnen nachzuweisen**.

Übereinstimmend hiermit gibt es zwischenzeitlich weitere Erlasse der Finanzministerien auf Länderebene, so beispielsweise des Finanzministeriums Mecklenburg-Vorpommern, Erlass vom 6.3.1992 – IV 310-S 2248-1/91, Verfügung der OFD Hannover vom 7.8.2003, NWB Fach 1, S. 286, Verfügung der OFD Hannover vom 18.2.2003, DStZ 2003, S. 279, Verfügung der OFD Saarbrücken vom 11.8.2000, S 2248-3 St 222/S 2121 sowie eine Verfügung der OFD Rostock vom 10.4.2002 S 2248-St 232, die allesamt dementsprechend einen pauschalen Betriebsausgabenabzug zulassen. Die aktuellste Anweisung für das Land Rheinland-Pfalz stammt vom 19.2.2004 (Az. S 2248 A-04-001-01-442). Hiernach ist die Betriebsausgabenpauschale für jedes einzelne Betreuungsverhältnis gesondert zu ermitteln, wobei die einzelne Pauschale die monatlichen Einnahmen aus den jeweiligen Betreuungsverhältnissen nicht übersteigen darf. Die Höhe der Betriebsausgabenpauschale ist z. B. in Rheinland-Pfalz wie folgt festgesetzt:

a) **Entstehen der Betreuungsperson nur unbedeutende Sachaufwendungen, gelten folgende Pauschalen:**

 – Betreuung des Kindes bis vier Stunden am Tag: 46,00 € im Monat,

 – Betreuung über vier bis sechs Stunden am Tag: 62,00 € im Monat,

 – Betreuung über sechs Stunden am Tag: 77,00 € im Monat.

b) **Sofern erhöhte Sachaufwendungen, zum Beispiel durch eine oder mehrere Mahlzeiten, entstehen, gelten folgende Betriebsausgabenpauschalen:**

– Betreuung des Kindes bis vier Stunden am Tag: 179,00 € im Monat,

– Betreuung des Kindes über vier bis sechs Stunden am Tag: 230,00 € im Monat,

– Betreuung des Kindes über sechs Stunden am Tag: 246,00 € im Monat.

Diese Betriebsausgabenpauschalen sollten daher in jedem Falle geltend gemacht werden.

c) **Neue Gesetzeslage ab 1.1.2009:**

Nach dem BMF-Schreiben aus Mai 2007[29] gilt ab dem 1.1.2009 eine neue Betriebsausgabenpauschale in Höhe von 300,00 € pro Kind und Monat. Diese ist entsprechend prozentual zu kürzen bei einer Betreuung von weniger als 8 Stunden am Tag.

Bei kürzeren Betreuungszeiten mindert sich diese Pauschale wie folgt:

– 7 Stunden: 262,50 € pro Kind und Monat,

– 6 Stunden: 225,00 € pro Kind und Monat.

Die Höhe der Pauschale ist im Einzelfall wie folgt zu ermitteln:
Berechnungsmatrix: 300 x tatsächlicher Stundensatz (pro Tag) : 8 = Höhe der BA-Pauschale

Keine BA-Pauschale wird gewährt, wenn die Tätigkeit im Haushalt der Eltern ausgeübt wird, oder in hierzu unentgeltlich überlassenen Räumen selbständig betrieben wird! (so die Verlautbarung des BMFSFJ auf der eigenen Homepage). Logisch ist dies, soweit die Tätigkeit im Haushalt der Eltern ausgeübt wird. In diesem Fall liegt ein abhängiges Beschäftigungsverhältnis vor, für welches das Einkommensteuergesetz keinen Betriebsausgabenabzug vorsieht, sondern vom Terminus her den Abzug von Werbungskosten. Soweit der

---

29. BMF vom 24.5.2007, BStBl. I, S. 487.

Betriebsausgabenabzug jedoch für die Tagespflegepersonen versagt wird, die die Tätigkeit in unentgeltlich hierzu überlassenen Räumen betreibt, sind hieran Zweifel angebracht, denn es ist nicht ersichtlich, warum eine Tagespflegeperson in unentgeltlich genutzten Räumen keine Betriebsausgaben haben sollte. Auch diese Tagespflegeperson hat weitere Kosten wie z. B. für Verpflegung, Spielzeug oder Hygieneartikel und muss daher Betriebsausgaben geltend machen können.

Übersteigen die tatsächlichen Kosten die Höhe der BA-Pauschale, so können statt der Pauschale immer auch die tatsächlichen Kosten geltend gemacht werden.

3. Steuerfreie Einkünfte

a) Die Rechtslage bis 31.12.2008

Der Steuerpflicht unterliegen nur die Einkünfte, die nicht nach § 3 Nr. 11 EStG von der Steuerpflicht befreit sind. Nach § 3 Ziffer 11 EStG sind Bezüge aus öffentlichen Mitteln oder aus Mitteln einer öffentlichen Stiftung, die wegen Hilfsbedürftigkeit oder als Beihilfe zu dem Zweck bewilligt werden, die Erziehung oder Ausbildung, die Wissenschaft oder Kunst unmittelbar zu fördern, steuerfrei.

Das Bundesfinanzministerium hat in seinem Erlass vom 7.2.1990 klargestellt, dass sowohl das Pflegegeld im engeren Sinne (Betrag, der unmittelbar der Sicherung des Lebensbedarfes des Kindes dient) wie auch das Erziehungsgeld (Erziehungsbeitrag) steuerfrei gemäß § 3 Nr. 11 EStG sind. Dies sind die Beträge, die vom Jugendamt zur Anerkennung der Erziehungs- und Förderleistung nach § 23 Abs. 2 Nr. 2 SGB VIII gezahlt werden. Dies gilt nach dem Bundesfinanzministerium auch bei Tages- oder Kurzzeitpflege.

Voraussetzung ist lediglich, dass es sich um eine **auf Dauer angelegte Pflege** handelt und die Pflege **nicht erwerbsmäßig betrieben** wird. Hierbei stellt das BMF klar, dass eine Pflege dann erwerbsmäßig betrieben

wird, wenn das Pflegegeld die wesentliche Erwerbsgrundlage darstellt, was bei einer Betreuung von **mehr
als fünf Kindern** (dann volle Steuerpflicht, d. h. auch
bezüglich des vom Jugendamt gezahlten Entgelts) immer anzunehmen ist. Dementsprechend besteht die
Steuerfreiheit daher nur dann, wenn das Pflegever-
hältnis auf Dauer angelegt ist, das heißt auf die Dauer,
die entweder aufgrund akuter Probleme erforderlich
ist oder ansonsten in der Regel einen Zeitraum von ca.
zwei Jahren anstrebt und von der Tagespflegeperson
nicht mehr als fünf Kinder betreut werden. Die sonstigen Leistungen des Jugendamtes nach § 23 sind Auf-
wandsentschädigungen und daher bereits steuerfrei.

Diese Steuerbefreiung gilt jedoch nur für die Beträge,
die **aus öffentlichen Mitteln** aufgrund einer Bewilli-
gung an die Tagespflegeperson gezahlt werden. Für die
Beträge hingegen, die aus privater Hand, das heißt von
den Eltern des Kindes, gezahlt werden, greift die Steuerfreiheit nach § 3 Nr. 11 EStG nicht. Diese Beträge
sind **voll steuerpflichtig** nach § 18 Abs. 1 Nr. 3 EStG.

b) Rechtslage ab 1.1.2009

Ab 1.1.2009 änderte sich diese Rechtslage. Nach
dem BMF-Schreiben vom 17.12.2007[30] wird ab dem
1.1.2009 insgesamt die Steuerpflicht der Tagespflegeperson bejaht, das heißt auch hinsichtlich der vom
Jugendamt gezahlten Beträge. Die Befreiung des § 3
Nr. 11 EStG entfällt damit. Steuerbefreit sind nach § 3
Nr. 9 EStG lediglich die Beiträge zu den Versicherungen nach § 23 Absatz 2 SGB VIII (Unfall-, Renten-,
Kranken- und Pflegeversicherung).

Begründet wird dies damit, dass ansonsten eine Un-
gleichbehandlung der Tagespflegepersonen gegeben
sei, da es für die Steuerpflicht nicht darauf ankom-
men könne, aus welcher Kasse letztlich gezahlt werde,
wenn die Tagespflegepersonen schließlich immer die
gleiche Tätigkeit ausüben. Weiterhin ist festzustellen,

---

30. BMF, 17.12.2007, IV C 3 – S 2342/07/0001, DOK 2007/0586083

dass es sich bei den Leistungen des Jugendamtes nicht um Beihilfen im Sinne des § 3 Nr. 11 EStG handle, da eine Uneigennützigkeit der Tätigkeit nicht gegeben ist, sodass die Subsumtion unter § 3 Nr. 11 EStG dogmatisch ohnehin immer problematisch war. Letztlich ist ein Argument, dass die Eltern der zu betreuenden Kinder nun aufgrund der Neuregelungen im Einkommensteuerrecht mehr Kinderbetreuungskosten steuerlich geltend machen können, da diese in höheren Beträgen absetzbar sind, sodass es letztlich durch die Steuerfreistellung dann sogar zu einer doppelten steuerlichen Besserstellung dieser Personengruppen kommen könnte. All dies war Anlass dafür, eine entsprechende Änderung zu beschließen.

Nach einer Zusammenkunft der zuständigen Landesminister und entsprechenden Beratung wurde bezüglich dieser Neuregelung ein Moratorium für 1 Jahr verfügt, sodass die Besteuerung erst zum 1.1.2009 in Kraft getreten ist, statt wie ursprünglich vorgesehen bereits zum 1.1.2008.

Auch die Rechtsprechung hatte sich im Vorfeld zu diesem Punkt bereits geäußert. So hat das niedersächsische Finanzgericht mit Urteil vom 21.11.2006[31] bereits rechtskräftig entschieden, dass Zahlungen, die ein Landkreis für die Tagespflege von Kindern nach § 23 SGB VIII an die Pflegepersonen leistet, Einnahmen aus selbstständiger Arbeit und nicht nach § 3 Nr. 11 EStG steuerbefreit sind. Auch die Rechtsprechungstendenz in dieser Frage ist damit klar: Die Steuerfreiheit nach § 3 Nr. 11 EStG für die von den Jugendämtern an die Tagespflegepersonen gezahlten Beträge musste früher oder später fallen. Im Hinblick auf die Erhöhung der Betriebsausgabenpauschale zeigen Rechenbeispiele jedoch deutlich, dass es durch die Neuregelung nicht zu einem finanziellen Nachteil für die Tagespflegepersonen kommt. In den meisten Fällen werden nur aufgrund der hohen Betriebsausgabenpauschalen nur geringe Beträge verbleiben, die über-

---

31. Niedersächsisches FG, U. v. 21.11.2006, Az. 15 K 167/05

haupt der Steuer zu unterwerfen sind. Tagespflege ist
damit durch die Neuregelung durchaus auch finanziell
attraktiv geworden.

4. Nur teilweiser Betriebsausgabenabzug für Steuerfälle bis 31.12.2008

Hinsichtlich des möglichen Betriebsausgabenabzuges sollten die Tagespflegepersonen bei Geltendmachung ihrer
Steuererklärung jedoch berücksichtigen, dass von Seiten des
Finanzamtes möglicherweise nur ein anteiliger Betriebsausgabenabzug gewährt werden wird. Dies deshalb, weil gemäß
§ 3 c EStG Ausgaben, die mit steuerfreien Einnahmen in un-
mittelbarem wirtschaftlichem Zusammenhang stehen, nicht
als Betriebsausgaben oder Werbungskosten abgezogen werden dürfen.

In der Konsequenz hat die OFD Rostock daher in ihrem
Schreiben vom 4.10.2002 dargelegt, dass hier die Rechtsauf-
fassung vertreten werden muss, dass bei den sogenannten
verbundenen Zahlungen daher nur ein **anteiliger Betriebsausgabenabzug** in Betracht kommt, nämlich insoweit, als
der Anteil an den Gesamteinkünften aus der Tagespflege
steuerpflichtig ist.

Eine derartige klare Ansage zu diesem Thema liegt bisher
nur von der OFD Rostock vor. Aufgrund der klaren gesetzlichen Regelung sollte hier jedoch davon ausgegangen werden, dass auch in anderen Bundesländern möglicherweise
im Rahmen der steuerlichen Veranlagung bis zum Veranla-
gungszeitraum 2008 nur der anteilige Betriebsausgabenabzug gewährt wird.

Die Folgen seien an einem **Beispiel** erläutert:

Die Tagespflegeperson S betreut drei Kinder in Ganztagespflege. Sie erhält hierfür vom Jugendamt eine Zahlung in Höhe von 660,00 € monatlich und von den Eltern der Kinder eine Zahlung in Höhe von 552,00 € monatlich. Hiernach ergibt sich folgende steuerliche Handhabung:

Gesamteinnahme der Tagespflegeperson im Monat 1 212,00 €.

Gesamteinnahmen der Tagespflegeperson im Jahr damit 14 544,00 €.

Damit sind die Einnahmen der Tagespflegeperson nach der Steuertabelle grundsätzlich steuerpflichtig.

Die Tagespflegeperson hat damit Einnahmen pro Kind und Monat in Höhe von 404,00 €.

Davon Elternbeitrag pro Kind 184,00 € =   45,5 %

davon steuerfreier Zuschuss aus öffentlichen
Mitteln 220,00 € =   54,5 %

Hiernach ergibt sich folgender **anteiliger pauschaler Betriebsausgabenabzug** gemäß § 3 c EStG:

pauschaler Betriebsausgabenabzug für Ganztagspflege
laut BMF   246,00 €

davon abziehbar im vorliegenden Fall 45,5 % =   111,93 €
davon nicht abziehbar gemäß § 3 c EStG 54,5 % =   134,07 €

Die Tagespflegeperson hat damit monatlich und pro Kind folgende steuerpflichtige Einnahme:

184,00 € (Elternbeitrag) – 111,93 €
(abziehbarer Betriebsausgabenpauschalanteil) = **72,07 €**

Hieraus ergibt sich eine steuerpflichtige jährliche Einnahme pro Kind in Höhe von 72,07 € x 12 = **864,84 €**.

Für drei Kinder hat die Tagespflegeperson daher steuerpflichtige Einnahmen **im Jahr** in Höhe von 864,84 € x 3 = **2 594,52 €**.

Dieser Betrag ist als steuerpflichtiger Einkunft gegenüber dem Finanzamt zu erklären.

Zusammenfassend lässt sich damit Folgendes festhalten:

Zunächst ist als Steuerfreibetrag gemäß § 3 Ziffer 11 EStG von den Einnahmen der Betrag abzuziehen, der aus öffentlichen Mitteln gezahlt wird. Der Restbetrag ist gemäß § 18 oder § 19 EStG zu versteuern, je nachdem, ob die Tagespflegeperson selbstständig tätig oder Arbeitnehmerin ist. Hierbei sind entweder die Werbungskosten (Pauschbetrag in der Regel 920,00 €) oder aber die Betriebsausgaben (pauschal 246,00 €) unter Berücksichtigung des anteiligen Betriebsausgabenabzugs nach § 3 c EStG abzuziehen.

Der Restbetrag ist der Steuer nach dem persönlichen Steuersatz zu unterwerfen. Die Problematik des nur teilweisen Betriebsausgabenabzuges entfällt ab dem 1.1.2009, da es ab dann keine steuerfreien Einkünfte mehr gibt.

> **Merke:**
>
> Sofern die Tagespflegeperson mehr als fünf Kinder betreut und damit die Tagespflege erwerbsmäßig ausgeübt wird, gilt die Steuerfreiheit des § 3 Ziffer 11 EStG auch für Veranlagungszeiträume vor 2009 nicht für den Betrag, der an die Tagespflegeperson aus öffentlichen Mitteln gezahlt wird. Das heißt, in diesem Fall ist immer **der gesamte Betrag**, den die Tagespflegeperson bezieht, sowohl aus öffentlichen Mitteln als auch von privat **voll** steuerpflichtig.

III. Geringfügiges Beschäftigungsverhältnis im Tagespflegebereich – Minijobs

Nach einer Stellungnahme des zuständigen Bundesministeriums gelten die Regelungen für geringfügige Beschäftigungsverhältnisse auch für Tagespflegepersonen. Ein geringfügiges Beschäftigungsverhältnis liegt gemäß § 8 Abs. 1 SGB IV dann vor, wenn das Arbeitsentgelt aus der Beschäftigung regelmäßig im Monat **400,00 €** nicht übersteigt.

Hierbei sind mehrere geringfügige Beschäftigungsverhältnisse zusammenzurechnen. Eine geringfügige Beschäftigung liegt dann nicht mehr vor, sobald die Voraussetzungen des Absatzes 1 entfallen, das heißt, mehr als 400,00 € verdient werden. Wird bei der Zusammenrechnung nach Satz 1 festgestellt, dass die Voraussetzungen einer geringfügigen Beschäftigung nicht mehr vorliegen, tritt die Versicherungspflicht erst mit dem Tage der Bekanntgabe der Feststellung durch die Einzugsstelle oder einen Träger der Rentenversicherung ein.

Dies gilt gemäß § 8 Abs. 3 SGB IV auch dann, wenn anstelle einer Beschäftigung eine selbstständige Tätigkeit ausgeübt wird. Das heißt, auch die selbstständig tätigen Tagespflegepersonen können durchaus geringfügig tätig sein.

Gemäß § 8 a SGB IV gelten die allgemeinen Regelungen für das geringfügige Beschäftigungsverhältnis auch für die geringfügigen Beschäftigungen, die ausschließlich in privaten Haushalten ausgeübt werden (sogenanntes Haushaltsscheckverfahren). In beiden Fällen entrichtet der **Arbeitgeber** eine pauschale Steuer in Höhe von **2 %**. Zu den Pauschalabgaben im geringfügigen Beschäftigungsverhältnis hinsichtlich der Sozialversicherungsbeiträge siehe weiter unten.

IV.   Arten geringfügiger Beschäftigungsverhältnisse

Für geringfügige Beschäftigungsverhältnisse – sogenannte Minijobs – besteht keine Sozialversicherungspflicht. Seit April 2003 sieht das Gesetz drei Arten geringfügiger Beschäftigungsverhältnisse vor:

1.   Kurzfristige Beschäftigungen

Solche liegen vor, wenn die Tätigkeit längstens zwei Monate oder höchstens 50 Arbeitstage im Jahr ausgeübt wird (typischer Fall: Aushilfen). Hierfür sind keine Sozialversicherungsbeiträge abzuführen. Die Lohnsteuer kann in diesem Falle pauschaliert werden, wenn das Arbeitsentgelt 12,00 € je Arbeitsstunde nicht überschreitet. Eine geringfügige Beschäftigung als kurzfristige Beschäftigung kann nur angenommen werden, wenn die Beschäftigung entweder vertraglich oder nach der Art des Beschäftigungsverhältnisses bereits begrenzt angelegt ist und nicht berufsmäßig ausgeübt wird.

2. Geringfügige Beschäftigung nach § 8 Abs. 1 Nr. 1 SGB IV

Eine solche ist anzunehmen, wenn das Arbeitsentgelt aus der Beschäftigung regelmäßig im Monat 400,00 € nicht übersteigt. Auf die geleistete Stundenzahl kommt es hierbei nicht an.

3. Geringfügige Beschäftigung in Privathaushalten nach § 8 a SGB IV

Eine solche liegt vor, wenn diese durch einen privaten Haushalt begründet ist, die Tätigkeit ansonsten gewöhnlich durch Mitglieder des privaten Haushalts erledigt wird und das Arbeitsentgelt aus dieser Beschäftigung regelmäßig 400,00 € im Monat nicht übersteigt.

a) Zusammenrechnung von mehreren Beschäftigungsverhältnissen

Seit der Neuregelung im Jahre 2003 besteht die Möglichkeit **eine** geringfügige Beschäftigung neben einer versicherungspflichtigen Hauptbeschäftigung auszuüben, ohne dass es hierfür zu einer Versicherungspflicht der geringfügigen Beschäftigung kommt. Sofern jedoch mehrere geringfügige Beschäftigungen neben der Hauptbeschäftigung ausgeübt werden, werden alle weiteren geringfügigen Beschäftigungen mit der Hauptbeschäftigung zusammengerechnet und sind damit versicherungspflichtig.

Auch mehrere geringfügige Beschäftigungen ohne Hauptbeschäftigung werden zusammengerechnet. Wird dann die monatliche Grenze von 400,00 € überschritten, handelt es sich nicht mehr um lediglich geringfügige Beschäftigungen, sondern um versicherungspflichtige Beschäftigungen. Die Versicherungspflicht tritt hierbei jedoch erst mit einer entsprechenden Feststellung der Einzugsstelle oder des

Rentenversicherungsträgers und Bekanntgabe an den Arbeitgeber ein.

b) Sogenanntes Haushaltsscheckverfahren

Für geringfügige Beschäftigungen in Privathaushalten gilt seit dem 1.4.2003 zwingend das sogenannte Haushaltsscheckverfahren. Dies ist ein vereinfachtes Anmeldeverfahren. Hierbei melden die Eltern als Arbeitgeber die Tagespflegeperson oder Kinderfrau mithilfe eines amtlichen Formulars bei der Knappschaft Bahn-See (Minijobzentrale) an. Diese Minijobzentrale berechnet die zu zahlenden Beiträge und zieht sie im Lastschriftverfahren ein und leitet sie dann entsprechend weiter. Zudem wird durch die Bundesknappschaft im Auftrag der Bundesagentur für Arbeit eine Betriebsnummer vergeben, die auch im Privathaushalt erforderlich ist.

Vorteil des vereinfachten Anmeldeverfahrens ist, dass die Sozialversicherungsbeiträge im Rahmen des Haushaltsscheckverfahrens nur noch zweimal im Jahr fällig sind und zwar:

– die Beiträge für das Arbeitsentgelt, das in den Monaten Januar bis Juni erzielt wurde, am **15.7.** des laufenden Jahres und

– Beiträge für das Arbeitsentgelt, das in den Monaten Juli bis Dezember erzielt wurde, am **15.1.** des Folgejahres.

c) Arbeitgeberbeiträge bei geringfügigen Beschäftigungsverhältnissen im Privathaushalt

Die für eine geringfügige Beschäftigung im Privathaushalt im Sinne des § 8 a SGB IV zu entrichtenden Sozialversicherungsbeiträge sind niedriger als bei den sonstigen Minijobs.

Abzuführen sind hier:

– für die gesetzliche Rentenversicherung 5 % vom Arbeitsentgelt (§ 172 Abs. 3 SGB VI),

– für die gesetzliche Krankenversicherung 5 % vom Arbeitsentgelt, soweit die beschäftigten Tagespflegepersonen Mitglieder der gesetzlichen Krankenkasse sind (§ 249 b SGB V),

– für die gesetzliche Unfallversicherung 1,6 % des Arbeitsentgelts (hier ist keine gesonderte Anmeldung an die Unfallkasse durch den Arbeitgeber mehr erforderlich; diese erfolgt über die Minijobzentrale, die auch die Beiträge einzieht),

– für die Umlage U 1 0,67 % vom Arbeitsentgelt (Umlage für Krankheit, Schwangerschaft und Mutterschutz); die U 2 wird zurzeit nicht erhoben. Hier erfolgt für den Arbeitgeber, der die U 1 entrichtet hat, eine Erstattung von 80 % der Arbeitgeberaufwendung bei Krankheit sowie eine Erstattung von 100 % der Arbeitgeberaufwendungen für Schwangerschaft und Mutterschutz,

– pauschale Steuer in Höhe von 2 % des Arbeitsentgelts.

Insgesamt also Abgaben in Höhe von 14,27 %.

Hinweis:

Die vorgenannten Beträge gelten nach wie vor. Die zum 1.7.2006 in Kraft getretene Erhöhung der Pauschalbeiträge gilt ausschließlich für **gewerbliche** Minijobs, nicht hingegen für die geringfügige Beschäftigung in Privathaushalten!

Gewerbliche Minijobs:

Rentenversicherung:	15 %
Krankenversicherung:	13 %
Steuer:	2 %
	30 %

> **Hinweis:**
>
> Weitere Informationen sowie Anmeldungsformulare zum Haushaltsscheckverfahren sind erhältlich bei der Minijobzentrale:
>
> Deutsche Rentenversicherung Knappschaft Bahn-See/Minijobzentrale in 54115 Essen, E-Mail: *minijob@minijob-zentrale.de*, Homepage: *www.minijob-zentrale.de*, Servicetelefon: 0180 200504 (zum Ortstarif).

V. Gewerbebetrieb – Ist die Kindertagespflege gewerbesteuerpflichtig?

Das Vorliegen eines Gewerbebetriebs und hiermit einhergehend eine Gewerbesteuerpflicht kommt nur für gewerblich Tätige in Betracht. Die Arbeitnehmer, d. h. abhängig Beschäftigte, scheiden hier von vornherein aus. Die Tagespflegepersonen, die selbstständig tätig sind, sind ebenfalls keine Gewerbetreibenden und erzielen keine Einkünfte aus Gewerbebetrieb im Sinne des § 15 EStG. Wie oben bereits dargelegt, erzielen die selbstständig tätigen Tagespflegepersonen Einkünfte aus selbstständiger Tätigkeit nach § 18 EStG. § 18 EStG normiert, dass Einkünfte aus selbstständiger Arbeit auch solche aus einer erzieherischen Tätigkeit sind.

Die Rechtsprechung des Bundessozialgerichts zur Frage der Tätigkeit der Tagespflegeperson im Sinne einer erzieherischen Tätigkeit bedingt die Gleichstellung mit den Erziehern auch im steuerrechtlichen Sinne auch dann, wenn eine entsprechende Berufsausbildung zum Erzieher oder Erzieherin nicht vorliegt.

Insoweit, als es sich hierbei daher um Einkünfte aus selbstständiger Arbeit (sogenannte freiberufliche Tätigkeit) handelt, liegt bei der Tagespflege kein Gewerbebetrieb vor. Aufgrund dessen ist auch eine **Gewerbeanmeldung nicht erforderlich**.

Der Gewerbesteuer unterliegen nach § 2 GewStG nur stehende Gewerbebetriebe, soweit sie im Inland betrieben werden. Da die Tätigkeit der Tagespflegeperson jedoch kein Gewerbebetrieb in vorgenanntem Sinne ist, kann eine Gewerbesteuerpflicht daher nicht bestehen.

Da somit auch die automatische Meldung an das Finanzamt nach Aufnahme der Tätigkeit nicht erfolgen kann, bestehen insoweit Mitteilungspflichten gegenüber dem Finanzamt. Mitzuteilen ist lediglich, dass eine selbstständige Tätigkeit aufgenommen wurde. Seitens des Finanzamtes wird dann ein Fragebogen verschickt, der auszufüllen ist und insbesondere Relevanz für die Frage der Umsatzsteuer besitzt.

VI.   Umsatzsteuerrechtliche Fragen

Der Umsatzsteuer unterliegen nach § 1 UStG Lieferungen und sonstige Leistungen, die ein Unternehmer im Inland gegen Entgelt im Rahmen seines Unternehmens ausführt. Die unternehmerische Tätigkeit ist nicht mit der vorgenannten – unter IV. besprochenen – gewerblichen Tätigkeit gleichzusetzen. Unternehmerische Tätigkeit ist jede Tätigkeit, die der Erzielung von Einkünften dient. Somit auch die Tagespflege. Damit unterliegen die hier getätigten Umsätze grundsätzlich der Umsatzsteuer. Eine Steuerbefreiung ist für diese spezielle Dienstleistung nicht im Gesetz vorgesehen. Allerdings gilt die Sonderregelung des § 19 UStG. Hiernach wird die Umsatzsteuer dann nicht erhoben, wenn der Unternehmer ein sogenannter **Kleinunternehmer** ist. Dies ist dann der Fall, wenn der Umsatz im vorangegangenen Kalenderjahr 17 500,00 € nicht überstiegen hat und im laufenden Kalenderjahr 50 000,00 € voraussichtlich nicht übersteigen wird. Zu berücksichtigen ist hierbei, dass vom Gesamtumsatz auszugehen ist, d. h., auch andere Umsätze aus unternehmerischer Tätigkeit zu berücksichtigen und hinzuzuaddieren sind.

Wird jedoch nur die Tätigkeit als Tagespflegeperson ausgeübt, so ist davon auszugehen, dass ein Umsatz von 50 000,00 € im laufenden Kalenderjahr nicht erreicht wird, so dass die Umsatzsteuer aufgrund der Kleinunternehmerklausel des § 19 UStG nicht anfällt und daher die Abrechnung auch nicht unter der Berücksichtigung von Umsatzsteuer zu erteilen ist. Die Tagespflegeperson kann daher im Fragebogen des Finanzamtes die Kleinunternehmerklausel und damit Befreiung von der Umsatzsteuerpflicht in Anspruch nehmen.

VII. Steuerrechtliche Einkommensgrenzen

Die erzielten Einkünfte sind nur dann der Steuer zu unterwerfen, wenn sie die steuerlichen Einkommensgrenzen überschreiten. Nach der Grundtabelle ist dies für Alleinstehende bzw. Alleinverdiener ein Mindestbetrag von **8 000,00 €**. Bis zu diesem Betrag fällt keine Einkommensteuer an. Hierüber liegende Beträge sind mit dem persönlichen Steuersatz der Steuer zu unterwerfen.

Für Verheiratete ist die Splittingtabelle anzuwenden. Hiernach liegt der Eingangsbetrag für die Einkommensteuer bei **15 400,00 €**. Darüber liegende Einkünfte sind steuerpflichtig. Zu berücksichtigen ist hier, dass gegebenenfalls Haupteinkünfte und geringfügige Beschäftigungen zusammengerechnet werden können, sofern mehrere geringfügige Beschäftigungsverhältnisse vorliegen. Im Übrigen werden mehrere geringfügige Beschäftigungsverhältnisse ebenfalls zusammengerechnet und bilden insoweit in der Summe die jeweiligen Steuereingangsgrenzen.

D) Weitere Neuregelungen durch das Kinderförderungs-gesetz (KiföG)

I.   Die Neuregelung des § 24 SGB VIII

Eine einschneidende Neuregelung hat der Betreuungsanspruch der unter Dreijährigen durch das KiföG erfahren.

Bereits die neue Überschrift zeigt einen Paradigmenwechsel.
Normiert wird der stufenweise Ausbau des Anspruchs auf eine Betreuung der unter Dreijährigen.
Das Gesetz sieht einen zweistufigen Ausbau in 2009 und in 2013 wie folgt vor:

1.   Die Rechtslage ab 2009

§ 24 Abs. 1 bleibt unverändert.

Hiernach haben Kinder im Alter von **3 bis 6 Jahren** einen Anspruch auf Besuch einer Einrichtung.
Im Übrigen ist ein bedarfsgerechtes Angebot in der Tagespflege vorzuhalten.
Zur Betreuung der 3- bis 6-Jährigen bleibt die Tagespflege damit **ergänzend.**

Nach § 24 Abs. 2 ist für Kinder ab 6 Jahre ein bedarfsgerechtes Angebot vorzuhalten. Auch für diese Altersgruppe ist die Betreuung in Tagespflege damit ergänzend. Das Angebot der Ganztagsschulen ist vorrangig!

§ 24 Abs. 3 ist neu geregelt.
Ab 1.1.2009 haben Kinder **unter 3 Jahren** einen Anspruch auf einen Platz in einer Einrichtung oder in Tagespflege, wenn folgende **Bedarfskriterien** erfüllt sind:

– Die Betreuung ist geboten für die Entwicklung des Kindes oder

– die Eltern sind erwerbstätig, in Ausbildung (Schule, Beruf, Studium), in einer Eingliederungsmaßnahme oder Arbeit suchend.

Wichtig: Das Gesetz spricht hier von allen Kindern unter 3!

Es besteht ein Wahlrecht der Eltern, ob sie die Betreuung in einer Einrichtung oder in Tagespflege in Anspruch nehmen. Es handelt es sich um ein echtes Wahlrecht der Eltern, Tagespflege statt Betreuung in einer Einrichtung in Anspruch zu nehmen. Dies ergibt sich bereits aus dem Wortlaut im Vergleich zum Wortlaut des Absatzes 1 und 2.

2.   Die Rechtslage ab 1.8.2013

§ 24 Abs. 1 n. F. besagt, dass ab 1.8.2013 alle Kinder **unter 1 Jahr** einen Anspruch auf Betreuung in einer Einrichtung **oder** in Tagespflege haben, wenn folgende **Bedarfskriterien** erfüllt sind:

– geboten für die Entwicklung des Kindes oder
– Eltern sind erwerbstätig, nehmen eine Arbeit auf oder sind Arbeit suchend oder
– Eltern sind in beruflicher Ausbildung, Schulausbildung, Studium oder einer Eingliederungsmaßnahme.

Wenn die Bedarfskriterien erfüllt sind, besteht damit auch hier ein echtes Wahlrecht der Eltern!

§ 24 Abs. 2 n. F. besagt, dass Kinder im Alter von **1 bis 3 Jahren** einen Rechtsanspruch auf Betreuung in einer Einrichtung oder in Tagespflege haben, **ohne** dass hierfür besondere **Bedarfskriterien** erfüllt sein müssen.

Insoweit liegt hier also eine Weiterentwicklung zu der Regelung zum 1.1.2009 vor, als dass die Bedarfskriterien ab 2013 dann nur noch für Kinder unter 1 Jahr erfüllt sein müssen. (In der Zeit von 2009 bis 2013 gelten die Bedarfskriterien für alle Kinder bis 3 Jahre, ab 2013 nur noch für unter 1-Jährige!)

§ 24 Abs. 3 besagt, dass Kinder im Alter von **3 bis 6 Jahren** einen Anspruch auf Betreuung in einer Einrichtung haben. Die Tagespflege ist **ergänzend** hierzu. Es ist insoweit ein bedarfsgerechtes Angebot vorzuhalten.

Nach § 24 Abs. 4 ist für Kinder ab 6 Jahren ein bedarfsgerechtes Angebot in der Tagespflege vorzuhalten. Vorrangig ist hier jedoch das schulische Angebot.

> **Ein echtes Wahlrecht der Eltern besteht demnach ab 2013 für die Betreuung der Kinder im Alter *bis 3 Jahren* (unter 1 Jahr nur bei Erfüllung der Bedarfskriterien).**

Geregelt ist hier ein echtes Wahlrecht der Eltern hinsichtlich der Betreuungsform. Es gibt damit kein Wahlrecht des Trägers der öffentlichen Jugendhilfe hinsichtlich eines vorrangigen Zurverfügungstellens von Plätzen in einer Einrichtung, auch wenn diese vorhanden sind, sofern die Kinder unter 3 Jahren alt sind und die Eltern Tagespflege wünschen. Hier kann daher ein stark erhöhter Bedarf entstehen.

Zudem regelt § 24 die Bedarfskriterien klar. Die Eltern müssen zur Anspruchsbegründung daher nur nachweisen, dass sie erwerbstätig sind, nicht jedoch in welchem Umfang. Ebenso genügt der Nachweis einer Arbeit-suchend-Meldung bei der BA zur Anspruchsbegründung aus. Die Eltern können dann den Umfang ihres Bedarfs selbst festlegen. Das heißt, die Eltern selbst melden den zeitlichen Bedarf zur Ausübung ihrer Tätigkeit, zum Besuch von Ausbildungsstätten, Universitäten oder auch für die Suche nach einer Beschäftigung.

Eine rechtliche Grundlage zur Festlegung, in welchem Umfang hier Tagespflege z. B. bei Arbeitsuchenden gewährt wird, besteht damit nicht. Es ist daher nicht zulässig, für Arbeitsuchende oder Studenten die Tagespflege z. B. auf 8 Stunden/Woche zu begrenzen. Nach den aktuell vorliegenden gesetzlichen Bestimmungen ist der Anspruch unbegrenzt und damit eine Betreuung bis zu 8 Stunden/Tag auf jeden Fall zu gewähren, wenn diese beantragt wird. Die Eltern bestimmen den Bedarf.

§ 24 a n. F. sieht im Hinblick auf die hiermit einhergehende Problematik der Schaffung von genügend Betreuungsplätzen eine Sonderregelung für die Kommunen vor, die die Ansprüche nach § 24 noch nicht erfüllen können. Diese sind zum **stufenweisen Ausbau** verpflichtet. Hier müssen jährliche Ausbaustufen beschlossen werden und eine Feststellung der Ausbaustufen jeweils zum 31.12. erfolgen.

Für diese Kommunen besteht ab 1.10.2010 die Verpflichtung, zumindest den Bedarf der erwerbstätigen Eltern bzw. der in Berufsausbildung oder Eingliederung in Arbeit befindlichen Eltern zu decken.

II. Die Änderungen des Finanzausgleichgesetzes

Hier ist die Neuverteilung des Umsatzsteueraufkommens geregelt. Danach fließen dem Bund vom Umsatzsteueraufkommen 50,5 % und den Ländern 49,5 % zu.

Zudem sind die Umsatzsteuerzuflussbeträge im Detail hier aufgeführt.

Diese Steuermehreinnahmen der Länder aus der Umsatzsteuer sind zum Ausbau der Kindertagespflege gedacht.

III.   Gesetz über Finanzhilfen des Bundes zum Ausbau der Tagesbetreuung für Kinder

Dieses Gesetz regelt, dass den Ländern aus dem Bundessondervermögen „Kinderbetreuungsausbau" in der Zeit von 2008 bis 2013 Finanzhilfen für Investitionen in Kindertageseinrichtungen und Kindertagespflege zur Verfügung gestellt werden. Diese Finanzhilfen betragen insgesamt 2,15 Milliarden Euro. Sie werden in abfallenden Jahresbeiträgen gestaltet. Zur Regelung der Einzelheiten wird eine Verwaltungsvereinbarung zwischen Bund und Ländern getroffen werden.

Insgesamt betrachtet ist die Entwicklung in der Kindertagespflege rasant. Einen weiteren Schub wird sie sicherlich durch die Neuregelung der Betreuungsansprüche nach der Neufassung des § 24 SGB VII in den kommenden Jahren erfahren. Die Träger der Jugendhilfe stehen vor einer großen Aufgabe. Die Weichen für einen umfänglichen qualitativen und quantitativen Ausbau der Kindertagespflege sind gestellt. Nur ein sukzessiver Fortschritt bei der Schaffung angemessener Bedingungen für die Ausübung der Tagespflege wird es jedoch vermögen, auf Dauer die Etablierung der Tagespflege als gleichwertige Betreuungsform neben der Betreuung in Einrichtungen zu gewährleisten. Das KiföG hat viele neue Fragen aufgeworfen, deren kurzfristige Klärung sowohl für die Tagespflegepersonen als auch für die Träger der Jugendhilfe von großer Bedeutung ist. Allem voran die Frage der hier neu entstehenden Betreuungsbedarfe und inwieweit diese Bedarfe auch tatsächlich gedeckt werden können.

Erhebungen hierzu werden zeigen müssen, ob die ehrgeizig gesteckten Ziele des Gesetzgebers umgesetzt werden können bzw. welche weiteren Neuerungen hierzu noch erforderlich sind.

Anhang

Merkblatt

Wichtige Inhalte eines Betreuungsvertrages

Wie Vorstehendes zeigt, bedarf auch die Tagespflege einer vertraglichen Absicherung der hier getroffenen Absprachen. Die Betreuung der Kinder setzt das Vertrauen der Eltern in die Verlässlichkeit der Tagespflegeperson voraus. Diese wiederum muss für ein optimal gestaltetes Betreuungsverhältnis ebenfalls von der Verlässlichkeit der Eltern hinsichtlich der Einhaltung der getroffenen Absprachen ausgehen können. Insbesondere hat die Tagespflegeperson Anspruch auf Ersatz der geleisteten Zahlungen für die Kinderbetreuung sowie Zahlung eines Erziehungsgeldes. Beides sollte ihr rechtzeitig und in vereinbartem Umfang zur Verfügung stehen. So individuell, wie jedes Kind und damit auch jedes Tagespflegeverhältnis ist, so individuell sollte auch der Betreuungsvertrag gestaltet sein. Die ungeprüfte Übernahme eines Formularvertrages empfiehlt sich daher nicht. Der **Betreuungsvertrag** sollte möglichst Regelungen zu folgenden Fragen enthalten:

1. Information über das zu betreuende Kind (z. B. Hinweis auf besondere Auffälligkeiten),

2. die regelmäßigen Betreuungszeiten unter Einbeziehung etwaiger Verlängerungen der Betreuungszeiten beispielsweise während der Ferien bei Berufstätigkeit der Eltern,

3. die von der Tagespflegeperson zu erbringenden Leistungen (etwaige Abholung, Verköstigung, Beschäftigung des Kindes, Ausflüge etc.),

4. das Tagespflegegeld (Höhe der Kosten der Erziehung und Erziehungsgelder),

5. Regelungen zu Versicherung und Haftung (beispielsweise Erweiterung der Privathaftpflichtversicherung sowie Regelung zur anteiligen Haftung der Eltern bei Schäden, die das Kind im Haushalt der Tagespflegeperson verursacht),

6. Urlaubsanspruch der Tagespflegeperson,

7. Vergütung des Anspruchs bei Ausfallzeiten/Krankenzeiten von Kind oder Tagespflegeperson (Vorsicht geboten im Hinblick auf die Vermeidung einer Scheinselbstständigkeit),

8. Vereinbarung über die Schweigepflicht (gegenseitig!),

9. Regelungen zur Kündigung des Vertrages (Kündigungsgründe und Kündigungsfristen),

10. etwaige erforderliche Vollmachten für die Tagespflegeperson,

11. etwaige besondere Absprachen und Abmachungen (beispielsweise im Hinblick auf besondere Erziehungsmaßnahmen oder von den Eltern nicht gewünschter Umgang oder nicht gewünschtes Spielzeug),

12. Notfallverhalten und etwaige Arztbesuche.

Zudem empfiehlt sich zu jedem Vertrag ein Datenerfassungsbogen mit Angaben zu folgenden Fragen:

1. Ansprechpartner im Notfall mit Telefonnummer,

2. behandelnder Hausarzt des Kindes,

3. Krankenversicherung,

4. Allergien und Unverträglichkeiten.

Übersichten

Allgemeines

- § 2 Abs. 2 SGB VIII
  Gleichrangigkeit mit Betreuung in
  Kindertageseinrichtungen

- keine Hilfe zur Erziehung

- kein Erziehungsdefizit vorausgesetzt

- maßgeblich: Elternrecht

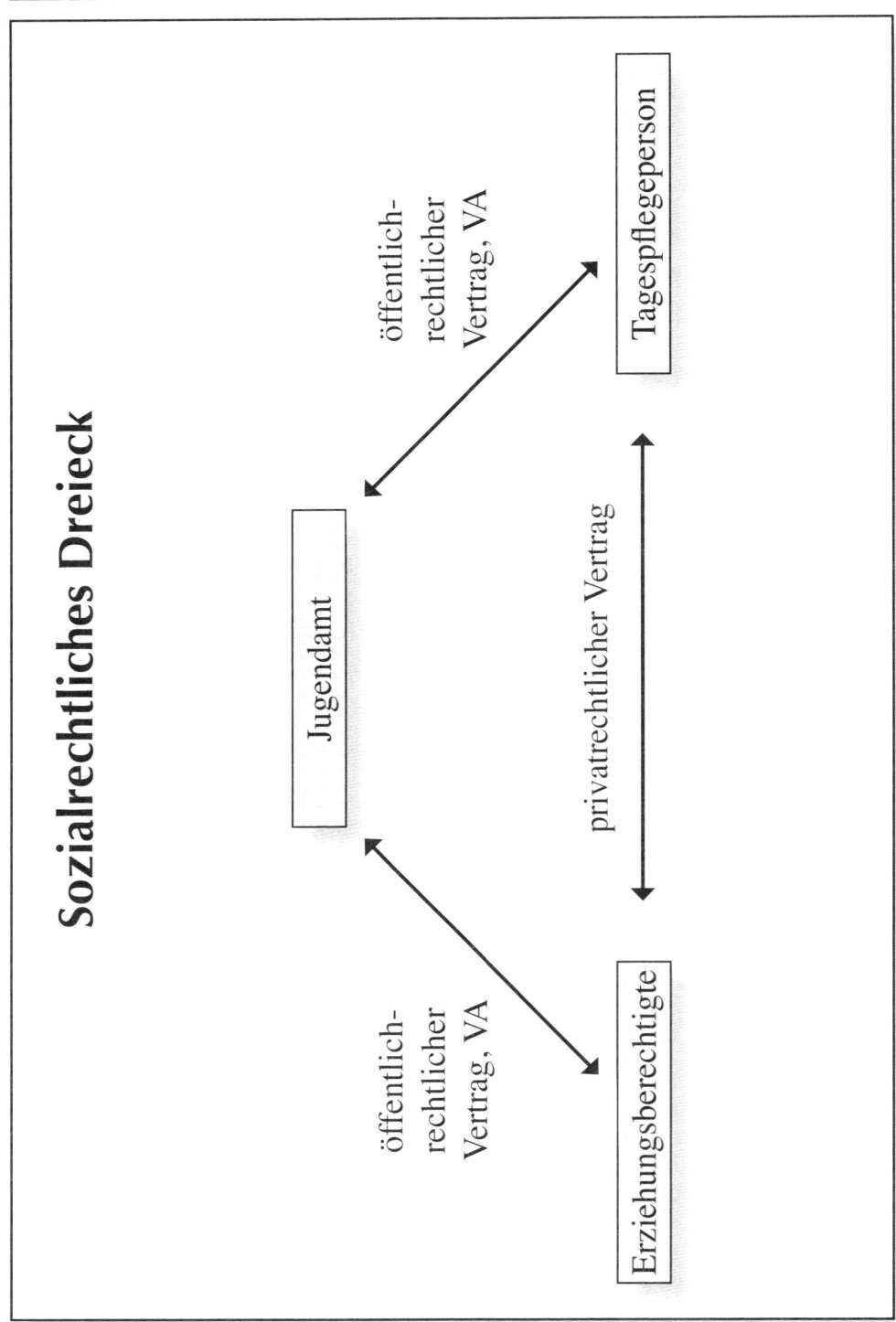

Sozialrechtliches Dreieck

Tagespflegeperson

öffentlich-rechtlicher Vertrag, VA

Jugendamt

privatrechtlicher Vertrag

öffentlich-rechtlicher Vertrag, VA

Erziehungsberechtigte

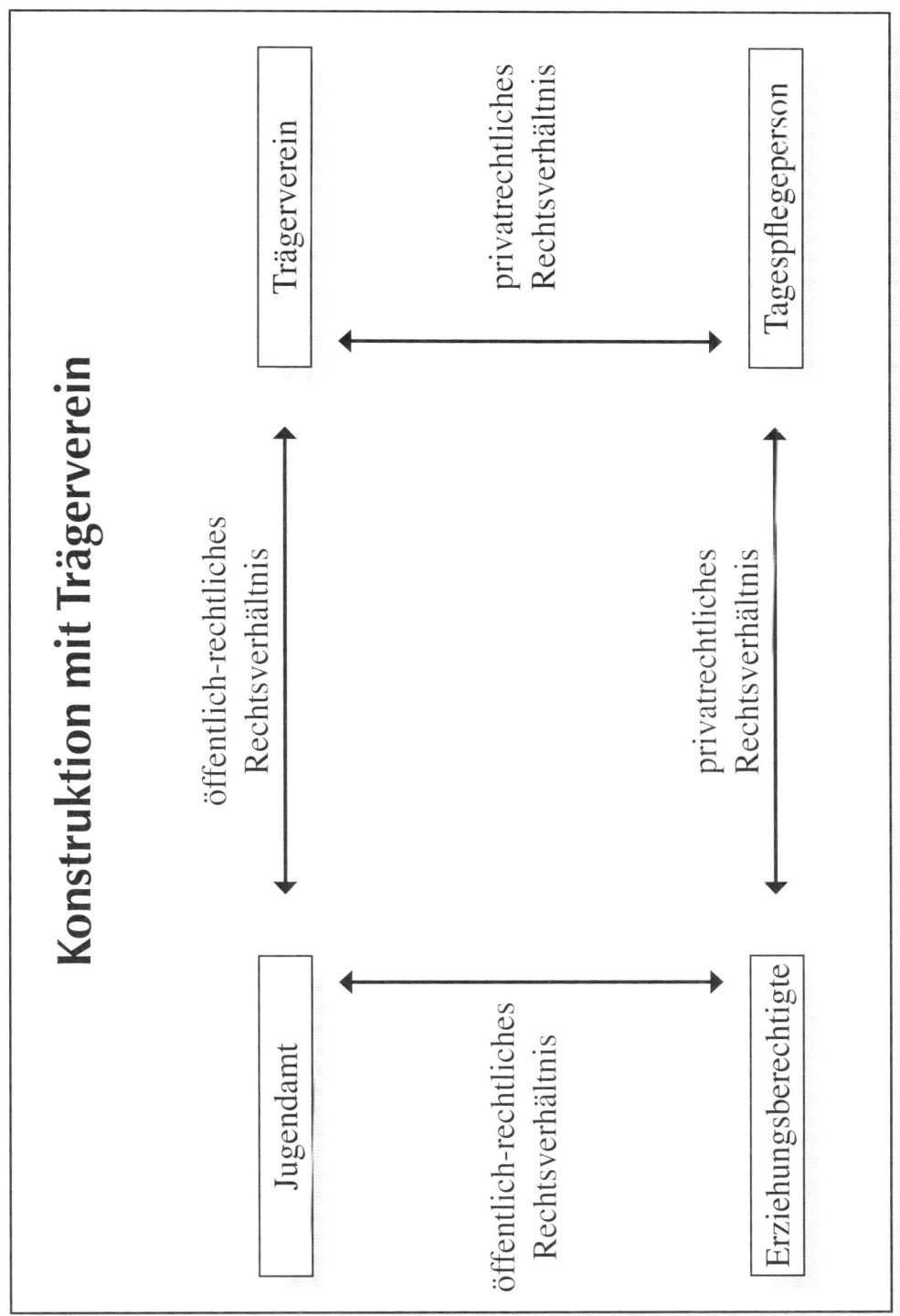

Konstruktion mit Trägerverein

Trägerverein

privatrechtliches Rechtsverhältnis

Tagespflegeperson

öffentlich-rechtliches Rechtsverhältnis

privatrechtliches Rechtsverhältnis

Jugendamt

öffentlich-rechtliches Rechtsverhältnis

Erziehungsberechtigte

Status der Tagespflegeperson

Regelung im Betreuungs**vertrag**

Differenzierung

Arbeitnehmerstellung	**selbstständig Tätige**
Kriterien	Kriterien
– Weisungsgebundenheit	– weisungsfrei
– tätig im Haushalt der Eltern	– tätig im eigenen Haushalt
– Arbeitszeit vorgegeben	– freie Arbeitszeiteinteilung
– überwiegend nur einen Auftraggeber	– mehrere Auftraggeber
– Urlaubsanspruch	
– Entgeltfortzahlung im Krankheitsfall	

Katalog von Recht-
sprechung des BSG
+ Spitzenorganisation
der Sozialversicherung

Arbeitsvertrag	**Dienstvertrag**
Sonderregelungen	– §§ 611 ff. BGB
– § 622 BGB	
– BUrlG, KSchG	

120

Folgen des Status I

1. Steuerliche Folgen

3. Allg. Rechte und Pflichten

2. Sozialversicherungs-
rechtliche Folgen

Arbeitnehmer

– Rentenversicherungspflicht
19,9 %
grundsätzlich (+)

– gesetzliche Krankenversiche-
rung (+) 15,5 % (ermäßigter
Satz 14,9 %)
– Pflegeversicherung (+) 1,95 %
(Zuschlag für kinderlose
+ 0,25 %)
– Arbeitslosenversicherung
(+) 2,8 %

selbstständig Tätige

– Rentenversicherungspflicht (–)
Ausnahme: arbeitnehmerähnliche Selbstständige i. S. d.
§ 21 Nr. 9 SGB VI und Erzieher; **Achtung:** Nach BSG sind
Tagespflegepersonen Erzieher
i. S. d. Rentenversicherungsrechts und daher rentenversicherungspflichtig gemäß § 21 Nr. 1
SGB VI
→ private Altersvorsorge
– private Krankenversicherung

– private Pflegeversicherung

– Arbeitslosenversicherung (–)

Steuer

– im GfB pauschal
– ansonsten gem. persönlichem
Steuersatz
– WK-Abzug
– wird vom Arbeitgeber abgeführt

Steuer

– Gewinnermittlung
– BA-Abzug
– Restversteuerung nach
persönlichem ESt-Steuersatz
– vom Steuerpflichtigen selbst zu
ermitteln und abzuführen

Folgen des Status II

beide

– Zahlung aus öffentlichen Mitteln: steuerfrei bis 31.12.2008

– Zahlung von Eltern: steuerpflichtig

 ab 1.1.2009: alle Zahlungen in voller Höhe steuerpflichtig

Ausnahme

– mehr als fünf Kinder betreut

oder

– Tagespflege ist einzige Einnahmequelle

Folge

Einkünfte in voller Höhe steuerpflichtig, das heißt auch die aus öffentlichen Mitteln gezahlten Beträge schon vor 2009

Kündigungsfristen

Arbeitnehmer	selbstständig Tätige
– § 622 BGB: mind. vier Wochen zum 15. oder Monatsende. Verlängerung je nach Betriebszugehörigkeitsdauer	– § 621 BGB: Tagesfrist ist Minimum; ansonsten nach Vergütungszahlabschnitten
– Schriftformerfordernis für Kündigung	– keine Schriftformerfordernis

Vergütung

Arbeitnehmer	selbstständig Tätige
– laut Vertrag geschuldet	– nur für tatsächlich erbrachte Dienste
– § 3 EFZG: Entgeltfortzahlung im Krankheitsfalle bis sechs Wochen	– grundsätzlich (–) bei Urlaub oder Krankheit

123

Aufsichtspflicht und Haftung

§ 1631 BGB: Aufsichtspflicht der Eltern

Zweck:	– Schutz des Kindes vor Schaden
	– Schutz Dritter

1. Inhalt:	– Beobachtung
	– Belehrung
	– Aufklärung
	– Leitung und Anleitung
	– Einflussnahme und Verhalten

2. Grenze:	– Vernünftige Anforderungen an Aufsichtspflichtige in der konkreten Situation
	– Zumutbarkeit
	– Grad der Erforderlichkeit im Einzelfalle
	– Würde des Kindes und Erziehung zur Selbstständigkeit

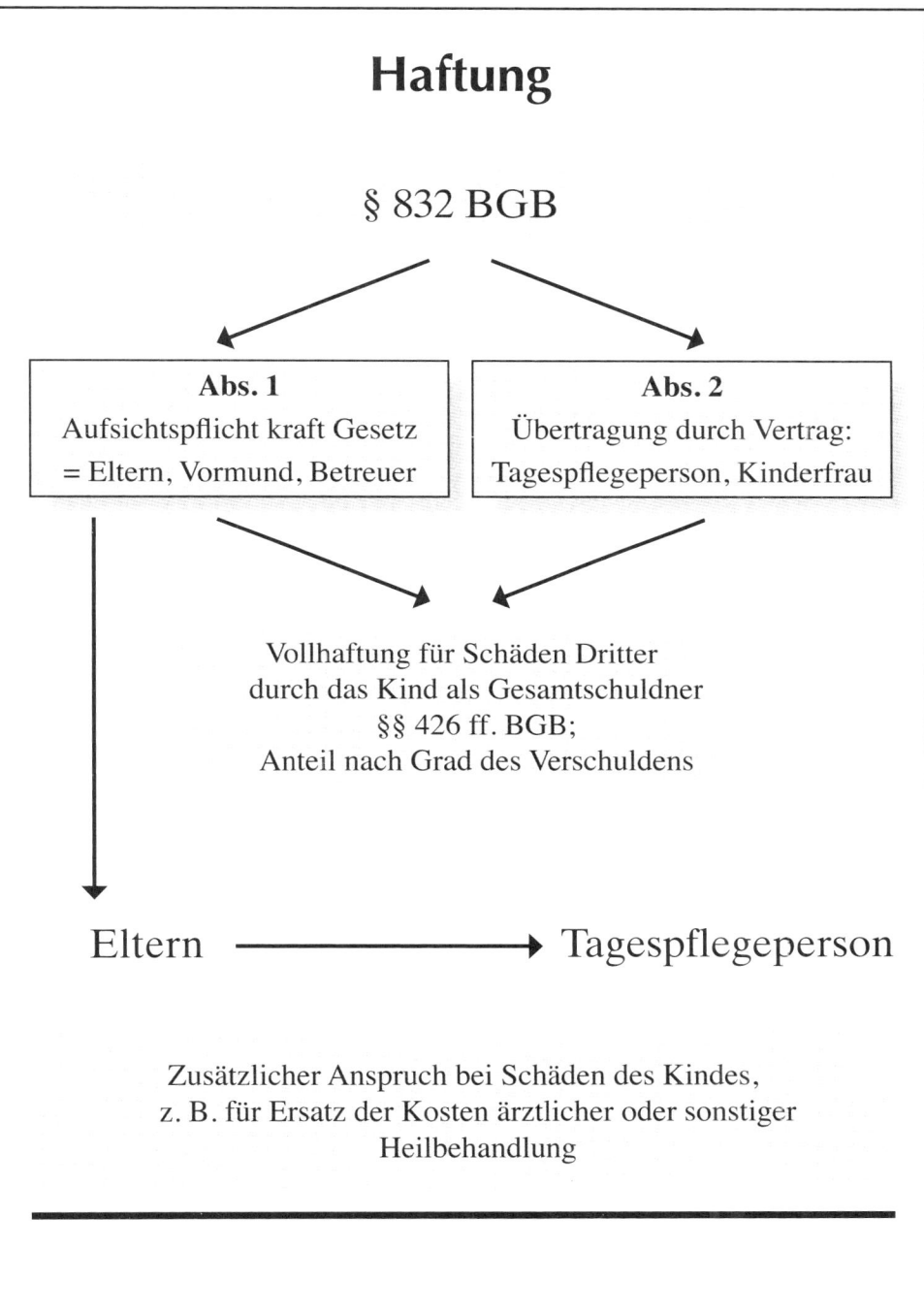

Haftung

§ 832 BGB

Abs. 1	**Abs. 2**
Aufsichtspflicht kraft Gesetz = Eltern, Vormund, Betreuer	Übertragung durch Vertrag: Tagespflegeperson, Kinderfrau

Vollhaftung für Schäden Dritter
durch das Kind als Gesamtschuldner
§§ 426 ff. BGB;
Anteil nach Grad des Verschuldens

Eltern ⟶ Tagespflegeperson

Zusätzlicher Anspruch bei Schäden des Kindes,
z. B. für Ersatz der Kosten ärztlicher oder sonstiger
Heilbehandlung

Voraussetzungen der Haftung

1. Unerlaubte Handlung des Kindes im Sinne des § 823 BGB
- Kind nicht deliktsfähig (bis 7 Jahre)
- Kind beschränkt deliktsfähig (7 bis 18 Jahre)

2. Schaden eines Dritten (nicht Schaden der Tagespflegeperson)
- Schaden für Tagespflegeperson nicht ersatzfähig
- Schaden für Tagespflegeperson nicht versicherbar

3. Aufsichtspflichtverletzung
- Fahrlässigkeit ausreichend

Rechtsfolge:

Haftung für den Schaden in voller Höhe mit dem gesamten Privatvermögen

Tipp:

- Berufshaftpflichtversicherung für Tagespflegepersonen
- vertragliche Haftungsregelung bezüglich Schäden im Haushalt der Tagespflegeperson

Unfallversicherung

Arbeitnehmer	**selbstständig Tätige**
– Arbeitgeber muss Betriebsun-fallversicherung abschließen	– pflichtversichert gemäß § 2 Abs. 1 Nr. 9 SGB VII
– Kosten trägt Arbeitgeber allein	– private Unfallversicherung für Tagespflegeperson zusätzlich möglich
	– Kosten erstattungsfähig gem. § 23 Abs. 2, Satz 3 SGB VIII bei Nachweis

seit 1.10.2005
Durch Gleichstellung mit der Betreuung
in einer Kindertagesstätte besteht für das
Kind gesetzlicher Unfallversicherungsschutz
kostenlos!

Voraussetzung:
Tagespflegeperson bei Träger der
örtlichen Jugendhilfe registriert

Schweigepflicht und Datenschutz

- Schutz der Familie Art. 6 Abs. 1 GG

- Schutz der Privatsphäre (Wohnung, Wort, Bild etc.)

- Strafrechtliche Sanktion möglich
  (§§ 184 ff., §§ 201 ff. StGB)
  – Geheimnisverrat

- Sozialgeheimnis nach Sozialgesetzbuch

Tipp: gegenseitige Schweigepflichtverein-
barung im Betreuungsvertrag

Die Absicherung der Tagespflegeperson

Arbeitnehmer	selbstständig Tätige
– gesetzl. Rentenversicherung (+)	– gesetzl. Rentenversicherung (+), wenn arbeitnehmerähnlich oder Erzieher
– gesetzl. Krankenversicherung (+)	– private Krankenversicherung oder Familienversicherung
– Arbeitslosenversicherung (+)	– Arbeitslosenversicherung (–)
– Berufsunfähigkeitsversicherung möglich	– Berufsunfähigkeitsversicherung freiwillig möglich
– Haftpflichtversicherung möglich	– Berufshaftpflicht sinnvoll
– gesetzl. Unfallversicherung (+)	– gesetzl. Unfallversicherung (+)

Die Einnahmen der Tagespflegeperson

1. aus öffentlichen Mitteln:

– Sachaufwendungen für Verpflegung, Verbrauchskosten, Spielzeug, Fahrtkosten

– Förderleistung für Erziehungsaufwendungen

– Sozialleistungen für Unfallversicherung soweit nachgewiesen

– ½ des Beitrages zur privaten Altersversicherung (Nachweis!)

– ½ des Beitrages zur Kranken- und Pflegeversicherung

→ **Festlegung der Höhe durch Träger der örtlichen Jugendhilfe oder Landesrecht**

2. privat von den Eltern

Stundensatz   3,00 €–7,00 €

Empfehlung des Bundesverbandes für Kinderbetreuung in Tagespflege e. V.: 5,50 €/Stunde (inklusive Kosten für Ernährung und Sozialversicherungsbeiträge)

Anrechnung auf sonstige Leistungen aus öffentlichen Mitteln I

1. Anrechnung auf Bundeserziehungsgeld

- zulässige Tätigkeit bei Betreuung von bis zu fünf Kindern
- Genehmigungspflicht durch Arbeitgeber (§ 15 Abs. 4 BEVZGG)

→ **Anrechnung nur, sofern das Elterngeld einen Betrag von 300,00 € übersteigt**

2. Anrechnung auf Arbeitslosengeld I (SGB III)

- Hinzuverdienstgrenze: 165,00 € netto
- maximal 15 Stunden/Woche zulässig
- ansonsten Anrechnung

BMG	Arbeitsentgelt	
	./. Steuern	
	./. Sozialversicherungsbeiträge	
	<u>./. WK</u> →	(bei Selbstständigen pauschal 30 % der Betriebseinnahmenn als BA)
	Summe	
Freibetrag	./. 165 €	
=	anzurechnender Verdienst	

Ab 1.1.2007 gestaffelte Anrechnung:

a) 1. und 2. Kind: keine Anrechnung

b) 3. Kind: 75 % Anrechnung

c) 4. und 5. Kind: Vollanrechnung

Anrechnung auf sonstige Leistungen aus öffentlichen Mitteln II

3. Anrechnung auf Arbeitslosengeld II (SGB II)

= bedarfsorientierte, bedürfnisgerechte Fürsorgeleistung

a) Bruttoeinkommen:
  – Addition bei mehreren Tätigkeiten
  – bei Selbstständigen $^1/_{12}$ des Betriebs-gewinns im Kalenderjahr

b) Grundfreibetrag:
  – 100,00 €
  höher bei Einkomen > 400,00 €

c) prozentuale Freibeträge:
  > Bruttoeinkommen bis 800,00 € → 20 % des den Grundbetrag übersteigenden Einkommens
  > Bruttoeinkomen über 800,00 € → 10 %

  Obergrenzen:
  1 200,00 €   (Bedürftiger + Kind)
  1 500,00 €   (Familien)

d) Vergütung der Tagespflegeperson nach § 23 SGB VIII aufgrund Vermittlung des Jugendamtes:

  > anrechnungsfrei bleiben   172,50 €

  > Grundfreibetrag   100,00 €

  > prozentuale Freibeträge wie oben

Einkunftsarten nach dem EStG

1. Land- und Forstwirtschaft §§ 13, 13 a

2. Gewerbebetrieb §§ 15, 16

3. selbstständige Arbeit § 18

4. nicht selbstständige Arbeit § 19

5. Kapitalvermögen § 20

6. Vermietung und Verpachtung § 21

7. sonstige Einkünfte §§ 22, 23

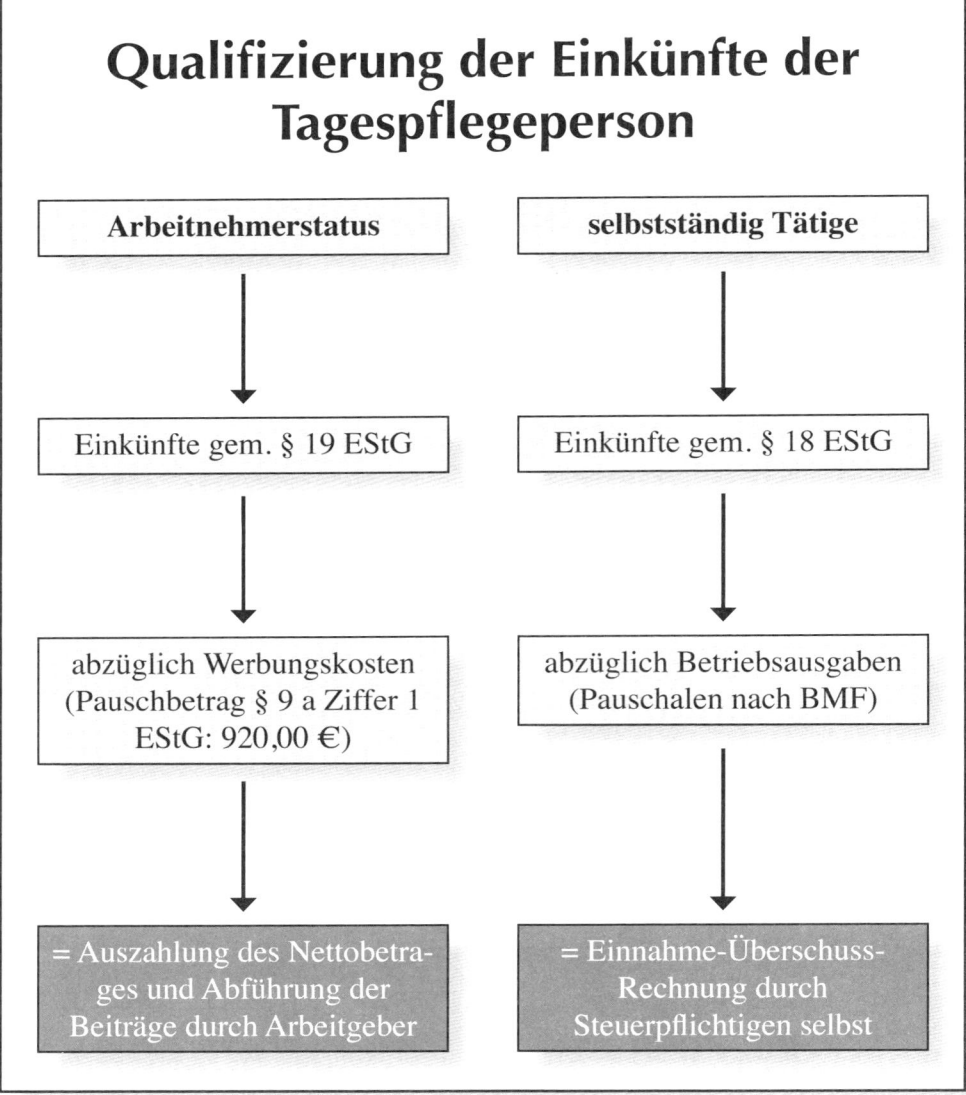

Qualifizierung der Einkünfte der Tagespflegeperson

Arbeitnehmerstatus	selbstständig Tätige
↓	↓
Einkünfte gem. § 19 EStG	Einkünfte gem. § 18 EStG
↓	↓
abzüglich Werbungskosten (Pauschbetrag § 9 a Ziffer 1 EStG: 920,00 €)	abzüglich Betriebsausgaben (Pauschalen nach BMF)
↓	↓
= Auszahlung des Nettobetrages und Abführung der Beiträge durch Arbeitgeber	= Einnahme-Überschuss-Rechnung durch Steuerpflichtigen selbst

Einkommensermittlung
selbstständig Tätiger

Einkommen gesamt

./. steuerfreie Einnahmen nach § 3 Nr. 11 EStG
(aus öffentlichen Mitteln stammend)
(**Achtung:** nur bis 31.12.2008!)

./. Betriebsausgabenpauschalen
(oder wenn > tatsächlicher Aufwand)

= zu versteuerndes Einkommen

Ausnahme: geringfügige Beschäftigung
i. S. d. §§ 8, 8 a SGB IV,
wenn maximal 400,00 €/Monat

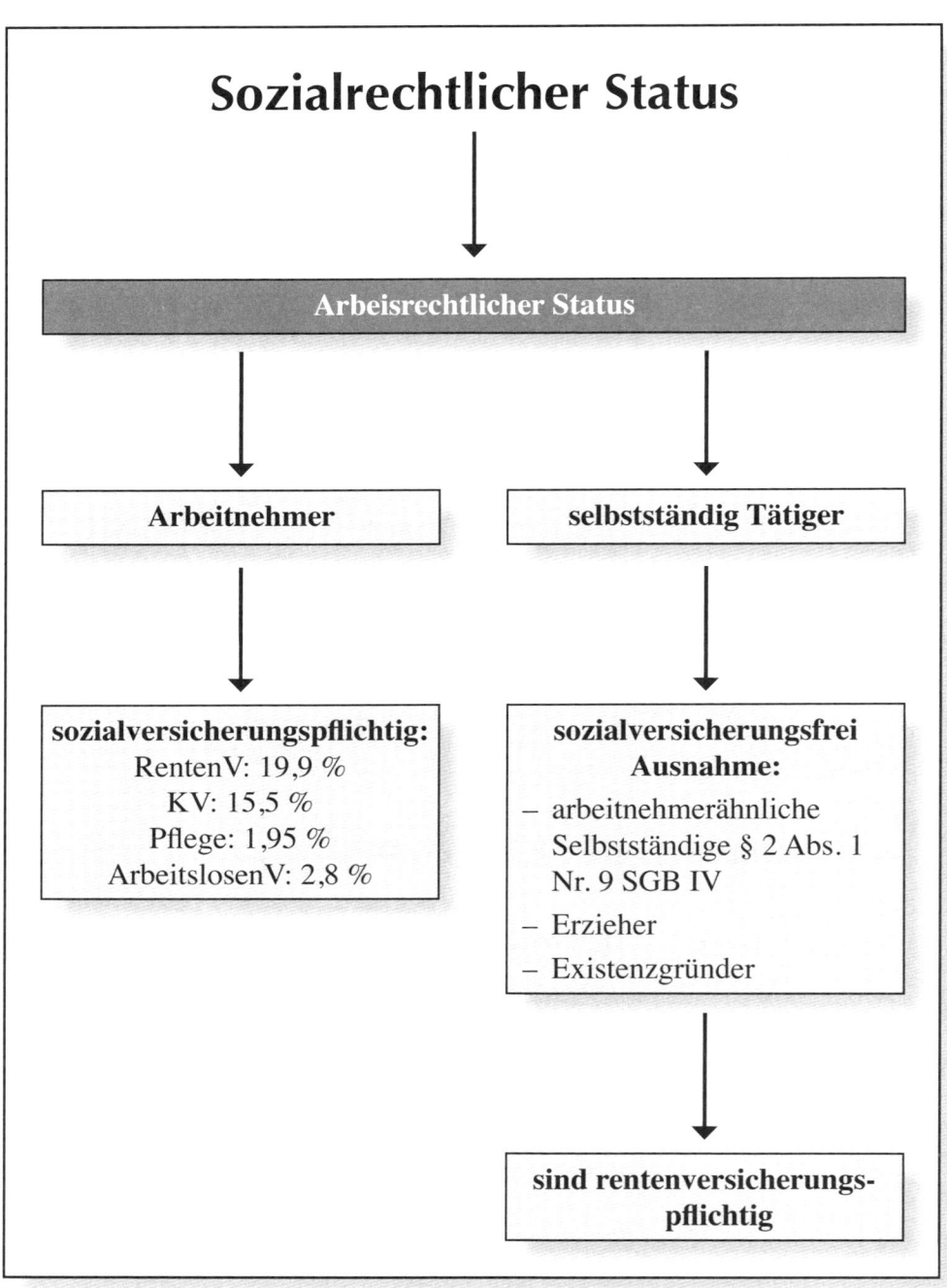

Sozialrechtlicher Status

Arbeisrechtlicher Status

Arbeitnehmer

selbstständig Tätiger

sozialversicherungspflichtig:
RentenV: 19,9 %
KV: 15,5 %
Pflege: 1,95 %
ArbeitslosenV: 2,8 %

**sozialversicherungsfrei
Ausnahme:**
– arbeitnehmerähnliche
Selbstständige § 2 Abs. 1
Nr. 9 SGB IV
– Erzieher
– Existenzgründer

**sind rentenversicherungs-
pflichtig**

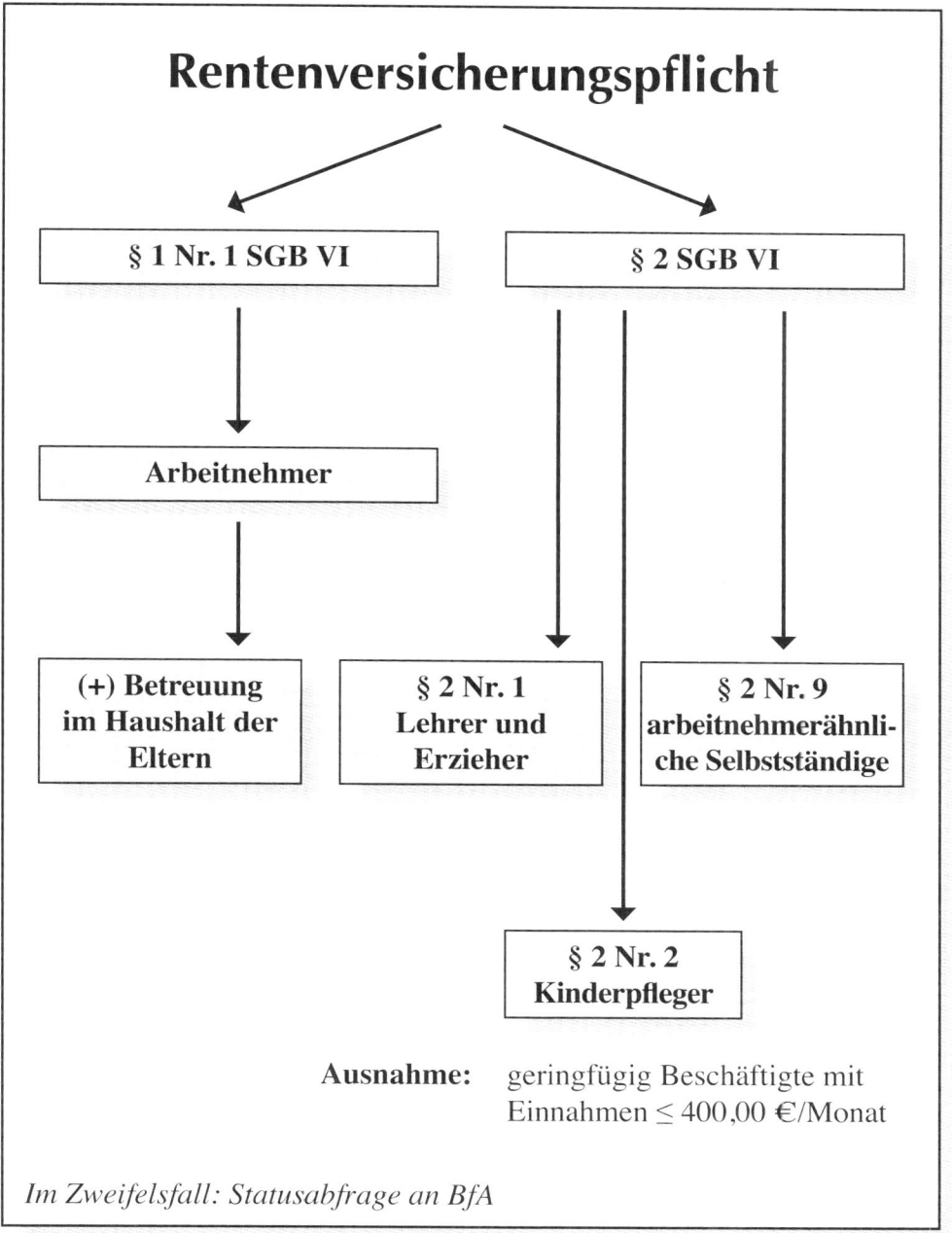

Rentenversicherungspflicht

BfA: +	(+), wenn mehr als fünf Kinder betreut werden → **voll steuer- und sozialversicherungspflichtig**
BMA:	(+), wenn **auch** oder ausschließlich Zahlungen aus privater Hand erfolgen → **privat gezahlter Anteil steuer- und sozialversicherungspflichtig**
SG Mannheim:	– § 2 Satz 1 Nr. 1 (–), da keine pädagogische Prägung – § 2 Satz 1 Nr. 2 (–), da medizinische Betreuung nicht im Vordergrund steht – § 2 Satz 1 Nr. 9 (–), wenn mehrere Auftraggeber – Steuerpflicht allein nicht maßgeblich
SG Lüneburg:	Nicht steuerfreie Einkünfte führen immer zur Sozialversicherungspflicht.
Bundessozialgericht:	Rentenversicherungspflicht der Tagespflegeperson nach § 2 Abs. 1 Nr. 1 (+), da erzieherische Tätigkeit. Berufsausbildung nicht erforderlich.

Standpunkte zur Frage der Rentenversicherungspflicht

BfA	BMF	Rspr.	Petitionsaus-schuss des Bundestages
(+), wenn mehr als 5 Kinder	(+), wenn mehr als 5 Kinder	1.) **SG Mann-heim:** Grds. (–), wenn nicht mehr als 5 Kinder	i. d. R. (+)
(+), wenn Zah-lungen **auch** oder nur aus privater Hand	(+), wenn Zah-lungen **auch** oder nur aus privater Hand	2.) **SG Lüne-burg:** (+), wenn auch steuerpflichti-ge Einkünfte erzielt werden	
		3.) **BSG:** Grds. (+), da Erzieher	

Literaturverzeichnis

Baan, Verena de. Kinderbetreuung – Privatsache? Tagesmütter in der Schweiz, Zürich 1989, Verlag Pro Juventute.

Bergold, Daniela; Högel, Katharina. Tagesmütter, Au-pairs, Haushaltshilfen, München 2000, dtv.

Becker-Textor, Ingeborg; Textor, Martin. SGB VIII, Onlinehandbuch 1990–2005, Richard Boorberg Verlag unter *www.sgbviii.de*

Biddulph, Steve (2004). Wer erzieht Ihr Kind? Kinderbetreuung – eine wichtige Entscheidung. München. Heyne.

Bien, Walter; Rauschenbach, Thomas; Riedel, Birgit (Hg.) (2006). Wer betreut Deutschlands Kinder? DJI-Kinderbetreuungsstudie. Weinheim/Basel. Beltz.

Biller-Adorno, Nikola; Jakovljevic, Anna-Karina; Landfenster, Katharina (2005). Karriere und Kind – Erfahrungsberichte von Wissenschaftlerinnen. Campus.

Borcherding, Marit; Rock, Sabine (2003). Gut aufgehoben – So finden Sie die passende Betreuung für Ihr Kind. Frankfurt am Main. Eichborn.

Bundesministerium für Familie, Senioren, Frauen und Jugend (2003). Perspektiven zur Weiterentwicklung des Systems der Tageseinrichtungen für Kinder in Deutschland.
www.bmfsfj.de/RedaktionBMFSFJ/Broschuerenstelle/ …

Bundesministerium für Familie, Senioren, Frauen und Jugend (2005). Dokumentation des Kongresses „Kindertagespflege in Deutschland – im Dialog mit europäischen Nachbarn" am 16./ 17.3.2005.
www.bmfsfj.de/Kategorien/Publikationen/publikationsliste,did=80166.html

Bundesministerium für Familie, Senioren, Frauen und Jugend (2005). 12. Kinder- und Jugendbericht.
www.bmfsfj.de/bmfsfj/generator/Kategorien/Publikationen/...

Bundesministerium für Familie, Senioren, Frauen und Jugend (2006). Betriebliches Engagement in der Kinderbetreuung.
www.bmfsfj.de/RedaktionBMFSFJ/Abteilung5/Pdf-Anlagen/...

Bundesministerium für Familie, Senioren, Frauen und Jugend (2007). Elterngeld und Elternzeit.
www.bmfsfj.de/Kategorien/Publikationen/publikationsliste,did=89272.html

Bundesministerium für Familie, Senioren, Frauen und Jugend (2007). Das neue Elterngeld – Umsetzung in der betrieblichen Praxis.
www.bmfsfj.de/RedaktionBMFSFJ/Broschuerenstelle/...

Bundesministerium für Familie, Senioren, Frauen und Jugend (2007). Von Bündnissen für Bündnisse - Ergebnisse und Impulse aus den Pilotprojekten Hanau, Jena, Rügen und des DGB.
www.bmfsfj.de/RedaktionBMFSFJ/Broschuerenstelle/Pdf-Anlagen/...

Bundesministerium für Familie, Senioren, Frauen und Jugend (2007). Erziehung, Haushalt und Beruf: Anforderungen und Unterstützungen für Familien – Monitor Familienforschung – Beiträge aus Forschung, Statistik und Familienpolitik – Ausgabe 4–8, Jahr 2006.
www.bmfsfj.de/RedaktionBMFSFJ/Broschuerenstelle/Pdf-Anlagen/...

Bundesministerium für Familie, Senioren, Frauen und Jugend (2007). Familie ja, Kinder nein. Was ist los in Deutschland? – Monitor Familiendemografie – Beiträge aus Forschung, Statistik und Familienpolitik – Ausgabe 1–3, Jahr 2005.
www.bmfsfj.de/RedaktionBMFSFJ/Broschuerenstelle/Pdf-Anlagen/...

Bundesministerium für Familie, Senioren, Frauen und Jugend/DIHK-Deutscher Industrie- und Handelskammertag (2006). Betriebliches Engagement in der Kinderbetreuung. Checkheft für kleine und mittlere Unternehmen.
www.bmfsfj.de/Kategorien/Publikationen/publikationsliste,did=85184.html

Bundesministerium für Familie, Senioren, Frauen und Jugend/DIHK-Deutscher Industrie- und Handelskammertag (2006). Kosten betrieblicher und betrieblich unterstützter Kinderbetreuung. Leitfaden für die Unternehmenspraxis.
www.bmfsfj.de/Kategorien/Publikationen/publikationsliste,did=28948.html

Bundesministerium für Familie, Senioren, Frauen und Jugend/DIHK-Deutscher Industrie- und Handelskammertag/berufundfamilie gGmbH (2006). Familienorientierte Personalpolitik – Checkheft für kleine und mittlere Unternehmen.
www.bmfsfj.de/Kategorien/Publikationen/publikationsliste,did=17296.html

Bundesministerium für Familie, Senioren, Frauen und Jugend, Handbuch Kindertagespflege.
www.handbuch-kindertagespflege.de

Bundesverband für Kindertagespflege e. V. (2005). Von Anfang an: Kindertagespflege – beraten, vermitteln, qualifizieren, begleiten. Eigenverlag. *www.tagesmuetter-bundesverband.de*

Deutsches Jugendinstitut (Hrsg). (2003). Jampert, Karin; Janke, Dirk; Peucker, Christian; Zehnbauer, Anne. Familie – Kinder – Beruf – Familienunterstützende Kinderbetreuungsangebote in der Praxis. Eigenverlag. München. *www.dji.de*

Deutsches Jugendinstitut (Hrsg.) (2002): Ulrike Berg-Lupper; Karin Jampert; Dirk Janke; Anne Zehnbauer. Familienunterstützende Kinderbetreuungsangebote. Eine Recherche zu alternativen Angeboten. München. Eigenverlag. Zu beziehen über *www.dji.de*

Diez-König, Ursula; Schmüser, Ulrike; (2003). Familientagespflege – Qualitätssicherung einer Kindertagesbetreuungsform in Deutschland und Dänemark.

Diller, Angelika; Jurczyk, Karin; Rauschenbach, Thomas (Hg.) (2005). Tagespflege zwischen Markt und Familie – Neue Herausforderungen und Perspektiven. DJI-Fachforum Bildung und Erziehung. Verlag Deutsches Jugendinstitut München.

Diller, Angelika; Leu, Hans Rudolf; Rauschenbach, Thomas (Hg.) (2004). Kitas und Kosten – Die Finanzierung von Kindertageseinrichtungen auf dem Prüfstand. DJI-Fachforum Bildung und Erziehung. Verlag Deutsches Jugendinstitut München.

Gerstein, Hartmut; Roth, Xenia; Kaeseberg, Regina; Langer, Christian; Reiswinkel, Anne. Kindertagesbetreuung in Rheinland-Pfalz, Kommentar und Vorschriftensammlung für die Praxis, Carl Link, 2008.

Hessisches Tagespflegebüro (Hg.) (2007). Fachliche Empfehlungen zur Qualität von Kinderbetreuung in Tagespflege. Maintal. Eigenverlag. Kostenfrei zu beziehen unter *www.hessisches-tagespflegebuero.de*

Hillmann-Stadtfeld, Anja. Rechtliche Neuerungen in der Kindertagespflege, KiTa aktuell, Heft 3/2009, S. 62.

Hillmann-Stadtfeld, Anja. Nachgerechnet, Wie das Arbeitslosengeld auf Einnahmen aus der Kindertagespflege angerechnet wird, ZeT 10/2007, S. 24.

Jurczyk, Karin; Rauschenbach, Thomas; Tietze, Wolfgang; Keimeleder, Lis; Schneider, Kornelia; Schumann, Marianne; Stempinski, Susanne; Weiß, Karin; Zehnbauer, Anne (2004). Von der Tagespflege zur Familientagesbetreuung. Zur Zukunft öffentlich regulierter Kinderbetreuung in Privathaushalten. Weinheim/Basel. Beltz.

Karlsson, Marlene. Qualitätsaspekte der Tagespflege in Europa, Pflegekinder, Heft 2/2002, Berlin.

Keddi, Barbara (2003). Projekt Liebe. Wiesbaden. Vs Verlag für Sozialwissenschaften.

Keimeleder, Lis; Schumann, Marianne; Stempinski, Susanne; Weiß, Karin (2001). Fortbildung für Tagesmütter. Opladen. Leske + Budrich.

Klewitz, M.; Schilsmann, U.; Wobbe, TH. (Hrsg.). Frauenberufe – hausarbeitsnah? Centaurus Verlag 1989, Pfaffenweiler.

Kunkel, Peter-Christian (Hrsg.). SGB VIII Kinder- und Jugendhilfe, Lehr- und Praxiskommentar, 3. Aufl. 2006, Nomos, Baden-Baden.

Laewen, Hans-Joachim; Andres, Beate, Hedervari, Eva (2000). Ohne Eltern geht es nicht – Die Eingewöhnung von Kindern in Krippen und Tagespflegestellen. Weinheim/Basel. Beltz.

Lakies, Thomas. „Familienhelferinnen nach § 31 SGB VII sind regelmäßig Arbeitnehmer", Tagesmütter aber nicht?!, Anmerkungen zu Urteilen des BAG und BSG, in FORUM Jugendhilfe 3/2000, S. 29–33

Matejcek, Karina; Bauer, Petra A. (2004). Mama im Job – Familie managen, Karriere gestalten, Alltag organisieren. Redline Wirtschaftsverlag.

Meißner, Johanna; Jansen, Frank (2007). Kinder fördern, Eltern entlasten – Eine gemeinsame Aufgabe von Kindertageseinrichtungen und Kindertagespflege? Dokumentation. Herausgeber: Verband Katholischer Tageseinrichtungen für Kinder (KTK) – Bundesverband e. V., Karlstr. 40, 79104 Freiburg.

Mohn, Liz; von der Leyen, Ursula (Hrsg.) (2007). Familie gewinnt – Die Allianz und ihre Wirkungen für Unternehmen und Gesellschaft. Gütersloh. Bertelsmann Stiftung.

Möller, Winfried; Nix, Christoph. Kurzkommentar zum SGB VIII – Kinder- und Jugendhilfe 2006, Reinhardt, München und Basel.

Müller-Lissner, Adelheid (2007). Unter drei schon aus dem Haus? – Eine Entscheidungshilfe für junge Eltern. Berlin. Ch.Links.

Münder, Johannes; Baltz, Jochem; Kreft, Dieter. Frankfurter Kommentar zum SGB VIII Kinder und Jugendhilfe, 5. Aufl. Juventa 2006, Weinheim und München.

Rhein, Isgard (2007). Kinderbetreuung in Tagespflege. Hamburg. Dashöfer.

Schumann, Marianne, Tagespflege – ein eigenständiges Angebot der Betreuung und Förderung von Kindern. in KiTa spezial, Heft 1, 2001, S. 53–56.

Seckinger, Mike; van Santen, Eric. Tagesmütter, Empirische Daten zur Tagespflege in Deutschland, in Soziale Arbeit, Heft 4, 2000, S. 144–149.

Tietze, Wolfgang; Knobeloch, Janina; Gerszonowicz, Eveline (2005). Tagespflege-Skala (TAS). Feststellung und Unterstützung pädagogischer Qualität in der Kindertagespflege. Weinheim/Basel. Beltz.

Van Santen, Eric. Zahlenspiegel Kindertagespflege 2005, Öffentliche Kindertagespflege – Kennzahlen und Entwicklungstendenzen, Deutsches Jugendinstitut 2005.

Vierheller, Iris. Rechtsprobleme und Rechtsfragen in der Tagespflege. Lösungen und Antworten. Ein Überblick. Hessisches Tagespflegbüro (Hrsg.), 2003.

Weiß, Karin (2007). Kinder in der Tagespflege – Grundlagen und Praxiswissen. Freiburg im Breisgau. Herder.

Weiß, Karin. Das Recht der Kinder auf Wahrung ihrer Würde. Gewaltfreie Erziehung in der Tagespflege, in ZeT, Zeitschrift für Tagesmütter und -väter, Heft 4, 2001, S. 20–23

Weiß, Karin; Stempinski, Susanne; Schumann, Marianne/ Keimeleder, Lis, Qualifizierung in der Kindertagespflege. Das DJI-Curriculum „Fortbildung von Tagesmüttern". 2002, Kallmeyer Verlag, Seelze-Velber.

Weiß, Karin (2007). Kindertagespflege nach §§ 22, 23, 24 SGB VIII. Stuttgart. Boorberg.

Wiesner, Reinhard, SGB VIII Kinder- und Jugendhilfe, Kommentar, 3. Aufl. 2006, C.H. Beck, München.

Wieners, Tanja (2001). Familientypen und Formen außerfamilialer Kinderbetreuung heute. Vielfalt als Notwendigkeit und Chance. Wiesbaden. Vs Verlag für Sozialwissenschaften.

ZeT – Zeitschrift für Tagesmütter und -väter. Abonnementzeitschrift. Erscheint sechsmal jährlich. Seelze. Kallmeyer.